Helge Bäckström, Helge Bäckström

Beiträge zur Kenntniss der isländischen Liparite

Helge Bäckström, Helge Bäckström
Beiträge zur Kenntniss der isländischen Liparite
ISBN/EAN: 9783743604438

Hergestellt in Europa, USA, Kanada, Australien, Japan

Cover: Foto ©ninafisch / pixelio.de

Manufactured and distributed by brebook publishing software (www.brebook.com)

Helge Bäckström, Helge Bäckström

Beiträge zur Kenntniss der isländischen Liparite

Beiträge
zur
Kenntniss der isländischen Liparite.

Inaugural-Dissertation

zur

Erlangung der Doktorwürde

der hohen naturwissenschaftlich-mathematischen Fakultät

der

Ruprecht-Karls-Universität zu Heidelberg

vorgelegt von

Helge Bäckström

aus

Örebro, Schweden.

Stockholm, 1892.
Kungl. Boktryckeriet. P. A. Norstedt & Söner.

Die isländischen Liparitgesteine sind schon mehrmals Gegenstand sowohl petrographischer als chemischer Untersuchungen verschiedener Forscher gewesen, und sie sind berühmt geworden durch die an sie geknüpften Theorien. Ich habe eine Neubearbeitung der isländischen Liparite deshalb unternommen, weil mir ein ausgezeichnetes Material zur Verfügung stand, welches durch den um die Erforschung seines Vaterlandes so verdienten isländischen Geologen TH. THORODDSEN auf verschiedenen Reisen gesammelt und mir überlassen worden war. Dasselbe gehörte theils einer Suite von Proben an, die vier, theilweise von THORODDSEN neuentdeckten, postglacialen, liparitischen Lavaströmen der Gegend östlich von Hekla entnommen wurden, theils waren es ältere Liparite hauptsächlich von der Snäffelshalbinsel, Westisland, theils endlich Proben eines Liparitvorkommens bei Mývatn, Nordostisland, welche THORODDSEN von einer Reise im Jahre 1884 mitgebracht und an Dr. A. SAUER gesandt hatte; dieser hatte die Freundlichkeit mir dieselben zu überlassen.

Dem unermüdlichen Islandsforscher sei hiermit für die Beschaffung des interessanten Materiales mein bester Dank gezollt.

Die Untersuchung wurde im mineralogisch-geologischen Institute der Universität Stockholm angefangen und daselbst hauptsächlich die chemischen Vorarbeiten gemacht. Den petrographischen Theil der Arbeit, sowie die Discussion der erzielten Resultate, hatte ich die Gelegenheit in dem mineralogisch-petrographischen Institute der Universität Heidelberg auszuführen, und erlaube ich mir an dieser Stelle dem Vorsteher desselben, Herrn Professor ROSENBUSCH für seine freundlich gewährte Unterstützung zu danken.

1. Postglaciale, liparitische Laven.

Die hier zuerst zu besprechenden Gesteine sind interessant als die einzigen, bis jetzt bekannten isländischen Liparite, welche *in postglacialer Zeit* zum Ausbruch gelangt sind. Die übrigen sind im Gegensatz dazu sämmtlich *präglacial* und kommen als Stöcke oder Gänge in den als tertiär angenommenen Basaltdecken vor, während dagegen jene postglacialen Liparite als wirkliche *Lavaströme* erscheinen.[1]

Es sind vier solche liparitische Lavaströme vorhanden, von denen einer schon früher von dem dänischen Geologen SCHYTHE (in 1846) besucht worden war, während die drei übrigen erst 1889 von THORODDSEN entdeckt wurden.

Etwa 2 geographische Meilen OSO vom Hekla befindet sich am südwestlichen Ende des Torfajökull der grosse liparitische Lavastrom, welcher von den Isländern mit dem Namen »Hrafntinnuhraun» belegt worden ist. Seine Mächtigkeit wird von SCHYTHE[2] als »ein Paar hundert Fuss und darüber» angeben; längs dem Markarfljót, welcher Fluss den westlichen Rand des Lavastromes durchbrochen hat zeigt das dabei entstandene Pro-

---

[1] Zwei Liparitvorkommnisse, Hnausar und Thingmuli, werden zwar von C. W. SCHMIDT (Zeitschr. d. d. geol. Ges. 37, S. 764, 773 und 782; 1885) auf Grund ihrer Erscheinungsweise als postglacial verzeichnet. THORODDSEN (Bihang t. Vet.-Akad. Handl. 14. II. N:o 5, S. 10) hebt aber hervor, dass in diesen Gegenden keine Zeugnisse vulkanischer Thätigkeit aus postglacialer Zeit beobachtet worden sind, und behauptet, es habe sich hier nur um aus Liparittrümmern bestehende Endmoräne gehandelt.

[2] »Hekla og dens sidste Udbrud» S. 134 (Kopenhagen 1847).

fil nach THORODDSEN[1]) 40—50 dänische Fuss eines hellgrauen, bisweilen röthlichgrauen Gesteins, das nach oben in einen bis zu 10 Fuss mächtigen Obsidian übergeht; dieser wird in der Regel von einer Bimssteinschicht von 2—3 Fuss Mächtigkeit bedeckt. Zwischen den verschiedenen Ausbildungsformen der Lava finden sich, durch schlierenförmigen Wechsel hervorgebracht, alle Übergänge.

Die Eruption, bei welcher der Lavastrom Hrafntinnuhraun ergossen wurde, hinterliess noch ein anderes Zeugniss in den dicken Schichten von Bimsstein, welche in dieser Gegend mehrorts mit den Produkten der jetzigen Eruptionen zusammen auftreten.

Der Hrafntinnuhraun stammt sowohl nach SCHYTHE als auch nach THORODDSEN von noch unbekannten Kratern in der Nähe des Torfajökull und hat also nichts mit dem Hekla zu thun. Es möge dies erwähnt werden, weil ZIRKEL[2]) denselben als einen der Lavaströme des Hekla verzeichnet hat und deshalb Hekla als ein Beispiel eines Vulkanes, der sowohl saure als basische Laven geliefert hat, erwähnt. Dieselbe Angabe kehrt in NEUMAYRS »Erdgeschichte» wieder.[3])

Der graue Liparit, welcher die inneren Theile des Lavastromes bildet, zeigt eine recht deutliche plattige Absonderung, und in Theilen, die etwas näher dem Obsidian entnommen sind, wechseln dünne Platten von etwas verschiedener Farbe und Korngrösse mit einander. Als Einsprenglinge kommen *Feldspath* und *Pyroxen* vor. Die ersteren zeigen sich durch abgerundete Formen und ausgelaugte Partien im Inneren ziemlich stark korrodirt. Sie zeigen in der Regel Zwillingsstreifung, welche oft kreuzweise und sehr fein ist, und sind folglich als Plagioklas oder Anorthoklas zu bezeichnen; eine Entscheidung liess sich in diesem Falle der unreinen Beschaffenheit der Einsprenglinge wegen nicht durchführen.

---

[1]) Geol. Fören. Förh. 18, 612 (1891).
[2]) PREYER und ZIRKEL: »Reise nach Island» S. 346 (Leipzig 1862).
[3]) Bd 1. S. 168 (Leipzig 1887).

Neben diesen grösseren Einsprenglingen tritt allgemein eine zweite Gruppe von leistenförmigen Feldspäthen einsprenglingsartig auf, welche durch geringere Dimensionen und das vollständige Fehlen von Corrosionserscheinungen charakterisirt ist. Recht häufig sind diese Leistchen verzwillingt nach dem Karlsbader-Gesetz. Die dadurch entstandenen, charakteristichen Kreuze sind in allen hier zu besprechenden liparitischen Laven verbreitet. Schnitte nach (010) sind durch diese Kreuzzwillingsbildung leicht zu erkennen: in einem solchen Schnitt maass ich an beiden Individuen übereinstimmend die Auslöschungsschiefe gegen die Trace der Basis zu 5°—6°. Da diese Leistchen immer kleine Auslöschungswinkel zeigen und nie Zwillingsstreifung besitzen, so gehören sie wohl zum Sanidin. Die makroskopisch hervortretende Fluidalstruktur diesesGesteins findet ihren mikroskopischen Ausdruck durch annähernd parallele Anordnung dieser Feldspathleistchen.

Die Pyroxeneinsprenglinge sind an Zahl und Grösse gering. Sie bestehen hier wie in allen diesen Gesteinen aus einem grünen, monosymmetrischen, immer unzersetzten Pyroxen. Als Einschlüsse beherbergt dieser — ebenso wie die Feldspatheinsprenglinge — kleine Körner von Zirkon, Apatit und Eisenerzen; daneben kommen Glaseinschlüsse vor. Als eine bei Lipariten seltene Erscheinung kann erwähnt werden, dass ein Pyroxeneinsprengling gefunden wurde, welcher eine modellähnlich schöne sanduhrförmige Struktur besass.

Die hyalopilitisch struirte Grundmasse dieses Liparites enthält, ausser etwas Pyroxen und Erz, Feldspath in Täfelchen oder Leistchen, sowie einen Rest von glasiger Basis. Tridymit kommt oft vor, in der Regel in Anhäufungen, welche die Wandungen kleiner Holräume in dickerer oder dünnerer Schicht überkleiden oder auch ganz erfüllen. Eine Parallelstruktur der Feldspathleistchen der Grundmasse ist bisweilen stark ausgeprägt, oft fehlt sie auch ganz.

Streifenartig wechsellagernd mit diesem Typus tritt eine feinkörnigere Varietät auf, die glasreicher ist und ausser Feldspath- und Pyroxenmikrolithen reichlich Globulite führt.

Der Obsidian von der Kruste des Lavastromes ist schwarz, bisweilen ganz frei von makroskopischen Einsprenglingen, gewöhnlich jedoch mit einzelnen Feldspäthen und Pyroxenen durchspickt, welche sich nach Art und Dimensionen übereinstimmend mit denen in dem Liparit erweisen. Sie liegen in einem schwach bräunlichen Glase, das nur kleine, oft parallelgeordnete Pyroxenmikrolithe führt.

Die chemische Analyse des grauen Liparites ergab mir[1]) die folgenden Werthe (1), zum Vergleich mit welchen auch die Resultate einer Analyse (2) des Obsidians derselben Lokalität von BUNSEN[2]) aufgeführt sind:

	1.	2.
SiO_2	69.70	71.35
TiO_2[3])	0.38	—
Al_2O_3	14.78	17.33
Fe_2O_3	2.98	
MgO	0.59	0.19
CaO	1.07	1.24
K_2O	4.45	4.23
Na_2O	4.77	5.66
	98.72	100.00

Die von THORODDSEN entdeckten liparitischen Lavaströme liegen in der Gegend nördlich von Torfajökull, also nicht weit entfernt vom Hrafntinnuhraun. Die geologischen Verhältnisse in dieser Gegend — dem Landmanna-afrjettur — ergeben sich aus der umstehenden, der Arbeit THORODDSENs entliehenen Kartenskizze.[4]) Basaltische Laven mit ihren Auswürflingen (»Scorier») und Palagonittuff sind die herrschenden Gesteine; in der Gegend der Rauðfossafjöll und der Mogilshöfðar sind vereinzelte Vorkommnisse von altem Liparit; etwas weiter westlich, bei Jökulgil,

---

[1]) Die Mehrzahl der Alkalienbestimmungen, sowie einige vollständige Analysen wurden für mich von Herrn G. PAIJKULL ausgeführt.
[2]) Pogg. Ann. 83, 213 (1851).
[3]) Nach dem gewählten Analysenverfahren findet sich hier auch alle ZrO_2.
[4]) Geol. Fören. Förh. 13, 614 (1891).

findet sich ein grösseres Vorkommen desselben Gesteins. Der liparitischen Laваströme sind drei: zuerst der mächtige Dómadalshraun, dann der zweiarmige Námshraun, welcher aus einer

Geologische Kartenskizze

der

Landmanna-afrjettur in Island

von

Th. Thoroddsen.

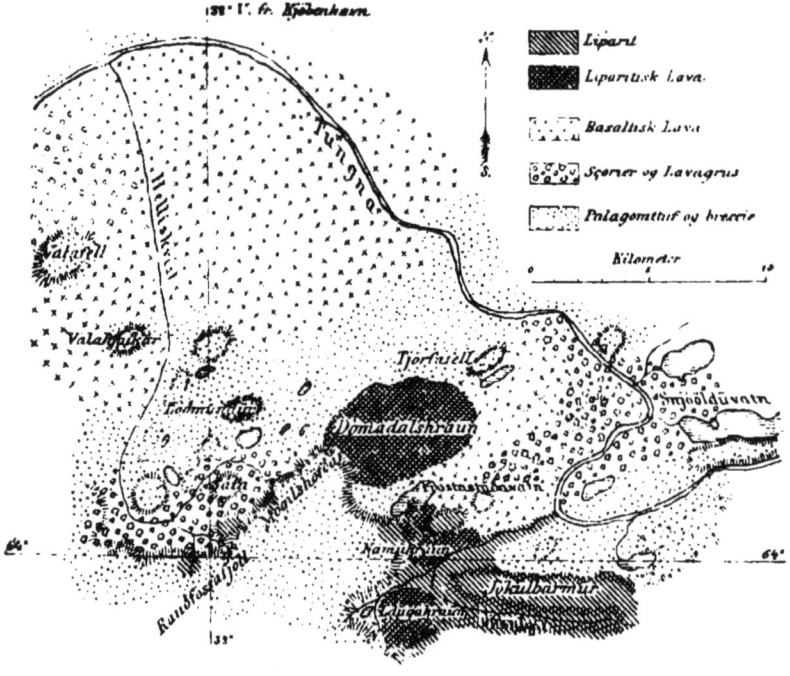

400—500 Fuss breiten Spalte im alten Liparitgebirge aus beiden Enden derselben in entgegensetzten Richtungen geflossen ist; südlich davon hat man endlich der Laugahraun.

Der nahe geographische Verband zwischen diesen Lavaströmen, wie auch zwischen denselben einerseits und dem Brafntinnuhraun andererseits, macht grosse Ähnlichkeit in petrographischer Beziehung wahrscheinlich, um so mehr schien es in Betracht der zeitlichen und örtlichen Übereinstimmung dieser vier jüngsten liparitischen Bildungen Islands von Interesse, die eventuel vorhandenen Verschiedenheiten derselben festzustellen.

Dómadalshraun. Die inneren Theile dieses Lavastromes bestehen nach THORODDSENS Angaben aus einem grauen, dem Gesteine des Hrafntinnuhraun ähnlichem Liparite. Mir lagen nur Proben des Obsidians und des Bimssteines der äusseren Theile des Stromes vor. Der Obsidian ist ein gefällig aussehendes, schwarzes Gestein, welches sich mikroskopisch als aus einem fast reinen Glase mit nur spärlichen Mikrolithen von Pyroxen, Erz und Zirkon bestehend erweist. Als Einsprenglinge enthält er neben wenig grünem Pyroxen und Erzen, hauptsächlich Feldspath, welcher bisweilen die besonders für Anorthoklase charakteristische, äusserst feine gekreuzte Zwillingsstreifung zeigt. Ein Schnitt ohne Zwillingslamellirung besass eine Auslöschungsschiefe von 22°, eine optische Axe trat unmittelbar ausserhalb des Gesichtfeldes aus; es deutet dies auf ein ganz vereinzeltes Vorkommen von Labrador. — Die chemische Analyse des Gesteins ergab:

SiO_2 .... 69.81
TiO_2 .... 1.06
Al_2O_3 .... 13.85
Fe_2O_3 .... 3.21
MgO 0.43
CaO 1.38
K_2O 4.40
Na_2O 5.56
99.70

Námshraun. Die Liparite dieser Lokalität sind grauschwarz, theils compakt, theils ganz schlackig. Zahlreiche leistenförmige

Feldspatheinsprenglinge sind mit dem blossen Auge sichtbar. Diese zeigen unter dem Mikroskop in der Regel eine mehr oder weniger gut ausgebildete Zwillingslamellirung und kleine Auslöschungswinkel. Sie sind ziemlich frei von Einschlüssen und nicht korrodirt. Doch finden sich auch untergeordnet Feldspatheinsprenglinge, welche denen in den vorher beschriebenen Gesteinen mehr ähneln, dadurch dass sie sich korrodirt erweisen und nicht die in dem Gestein von Námshraun sonst gewöhnliche, ausgesprochene Leistenform haben. Die streng idiomorphen Pyroxeneinsprenglinge sind grün ohne bemerkbaren Pleochroismus und treten hier häufiger auf als in den übrigen liparitischen Laven. Sie erreichen eine Länge bis zu 1,3 mm. Biotit wurde in einem Dünnschliff dieses Gesteins beobachtet; es waren nur ein grösseres und drei kleinere Individuen.

Die hyalopilitisch bis vitrophyrisch struirte Grundmasse zeigt reichliches, farbloses Glas, Feldspathleistchen, Pyroxenstengel und kleine Erzkörner; es kommt ferner ziemlich spärlich ein Mineral vor, das ebenso wie der Pyroxen in Stengeln auftritt, aber farblos ist und parallele Auslöschung besitzt. Pleochroismus ist nicht zu beobachten; die Doppelbrechung ist stärker als diejenige der Pyroxene. Es ist dies wahrscheinlich dasselbe Mineral, welches von SCHMIDT[1]) als rhombischer Pyroxen gedeutet worden ist. Die Doppelbrechung ist aber entschieden zu hoch für einen rhombischen Pyroxen, entspricht aber genau derjenigen des Olivin. Ein Schliff des Gesteins wurde mit Salzsäure behandelt um die Löslichkeit des Minerals zu untersuchen. Es zeigte sich dabei, dass das Mineral von kalter Säure nur wenig angegriffen, von heisser Säure dagegen vollständig gelöst wurde. Bei dieser Operation wurde allerdings auch der Feldspath und das Glas etwas angegriffen, der Pyroxen aber gar nicht. Das Mineral kann also nicht rhombischer Pyroxen sein, sondern ist Olivin. SCHMIDT hat auch einen Lösungsversuch gemacht, aber ohne Erfolg; da aber die sehr eisenarmen Olivine — und ein

---

[1]) Zeitschrift der deutschen geologischen Gesellschaft **87**, 750 (1885).

solcher müsste es hier sein — ziemlich schwer zu lösen sind, so lässt sich der Widerspruch dadurch gut erklären.
Die Analyse dieses Gesteins zeigte:

SiO_2	62.72
TiO_2	1.06
Al_2O_3	15.69
Fe_2O_3	5.25
MgO	1.34
CaO	3.33
K_2O	4.19
Na_2O	5.45
	99.03

Diese Zusammensetzung weicht offenbar recht weit von derjenigen eines normalen Liparites ab; doch möge sie erst an späterer Stelle im Vergleich mit den anderen Gesteinen discutirt werden.

Laugahraun. Der Obsidian dieses Stromes gleicht sehr, besonders mikroskopisch, demjenigen von Námshraun, nur sind die Feldspäthe der Grundmasse kleiner, das Glas noch mehr hervortretend. Es findet sich auch hier Olivin, aber sehr spärlich.

Von den lithoiden Proben dieser Lokalität zeigt die Eine ein graues, etwas schlackiges Gestein mit ausgesprochener Parallelstruktur. Es führt Einsprenglinge von Feldspath, theils mit Zwillingsstreifung und mit kleinen Auslöschungswinkeln. Es finden sich ferner grüner Pyroxen und Eisenerz. Die Grundmasse ist pilotaxitisch mit sehr wenig Glas, führt nur Feldspath und etwas Erz, sehr spärlich Pyroxen. Auf Hohlräumen in dem Gestein kommen reichlich kleine Kugeln von Opal vor.

Die andere Probe ist dunkelgrau, compakt, mit ausgezeichneter, plattenförmiger Absonderung. U. d. M. sieht man zahlreiche, kleinere und grössere Einsprenglinge von Feldspath, Pyroxen und Erz, sowie eine bräunliche, fast undurchsichtige Grundmasse, die sich bei starker Vergrösserung als aus einer unzähligen Menge winziger Globulite, welche neben einzelnen, länglichen Mikrolithen in einem farblosen Glase liegen, bestehend erweist. Die Globulite zeigen bräunliche Farbe und sind in der Regel nicht mit einander verwachsen, es kommen höchstens Verwachsungen von zweien vor; Cumulite wurden dagegen beobachtet. In dieser Varietät wurde nur der Kieselsäuregehalt bestimmt, er ergab sich zu 68.27 %; der Obsidian wurde dagegen einer vollständigen Analyse unterworfen:

SiO_2	67.91
TiO_2	0.53
Al_2O_3	15.17
Fe_2O_3	3.92
MgO	0.55
CaO	1.59
K_2O	4.52
Na_2O	5.36
	99.55

Wie aus der Beschreibung der Gesteine dieser vier Lavaströme hervorgehen dürfte, besteht zwischen denselben eine grosse Ähnlichkeit, entsprechend ihrem nahen zeitlichen und örtlichen Verband. Charakteristisch für alle ist es, dass nur Einsprenglinge von meistens gestreiftem Feldspath und grünem Pyroxen vorhanden sind, Biotit wurde nur ausnahmsweise in dem kieselsäureärmsten dieser Gesteine, demjenigen von Námshraun, beobachtet. Dieses zeichnet sich auch dadurch aus, dass die Feldspatheinsprenglinge mehr leistenförmig sind als bei den übrigen, ferner ist es entschieden reicher an dunklen Mineralen.

Um eine Vorstellung über die Unterschiede in den relativen Mengen der Gemengtheile der vier Gesteine zu gewinnen, habe ich die Analysen auf ihre Zusammensetzung bei holokrystalliner Ausbildung berechnet. Es sind dabei die kleinen Mengen von Biotit und Olivin unberücksichtigt gelassen, ferner ist für den Augit angenommen, dass er ein Diopsid mit Mg : Fe = 6 : 1 sei. Das Erz endlich ist als Mischung von Fe_2O_3 und $FeTiO_3$ berechnet. Die Fehler, welche in diesen Annahmen liegen, oder in den Analysen selbst vorhanden sind, concentriren sich hierbei hauptsächlich auf die Thonerde: um deshalb ein Urtheil über die Wahrscheinlichkeit dieser Berechnungen zu ermöglichen, habe ich unten diesen Fehler aufgeführt:

	Námshraun.	Laugahrann.	Dómadalshraun.	Hrafntinnuhraun.
Quarz	7.66	15.85	17.51	22.48
Sanidin	24.83	26.79	26.08	26.38
Albit	46.20	45.44	47.13	40.44
Anorthit	5.78	3.49	3.39	0.55
Pyroxen	8.59	3.52	2.79	3.79
Erz	5.76	4.22	4.02	3.13
	98.82	99.31	100.92	96.77
Al_2O_3-Fehler	—0.06	— 0.17	+0.30	+1.90

Das Gestein von Hrafntinnuhraun fällt in vielen Beziehungen aus der Reihe und zeigt auch einen grossen Thonerdefehler. Es lässt sich dies vielleicht dadurch erklären, dass in diesem Falle nicht der Obsidian analysirt wurde, sondern der lithoide Liparit, ein tridymitführendes Gestein, das seine ursprüngliche Beschaffenheit vielleicht nicht mehr besass. In der BUNSENschen Analyse des Obsidians dieses Stromes ist der Alkaligehalt denjenigen der anderen Strömen viel ähnlicher (Siehe S. 641).

Das Gestein von Námshraun enthält, obwohl sein Kieselsäuregehalt nur 62.72 % beträgt, doch 7.66 % freie SiO_2 und steht demnach an die Grenze gegen die Trachyte. Es unterscheidet sich übrigens, wie aus der Zusammenstellung hervorgeht, von den anderen weniger durch seinen geringeren Quarzgehalt und seinen etwas höheren Anorthitgehalt als vielmehr durch den 5—6 % höheren Gehalt an Pyroxen. — In seinem Kieselsäuregehalt kommt dies Gestein in der Mitte zwischen gewissen Heklalaven und den sauersten der liparitischen Laven zu stehen; er schliesst sich diesen aber entschieden an, und kann nicht als ein Zwischenglied betrachtet werden, wie ein Vergleich mit jenen Heklalaven sofort zeigt:

	Námshraun.	Heklalaven [1].		
		1.	2.	3.
SiO_2	62.72	60.06	56.68	55.92
TiO_2	1.06	—	—	—
Al_2O_3	15.69	16.59	14.93	15.08
Fe_2O_3	5.25	12.63	15.18	16.87
MgO	1.34	2.40	4.10	4.21
CaO	3.33	5.56	6.41	6.54
K_2O	4.19	1.45	1.07	0.95
Na_2O	5.45	3.60	3.46	2.51

Eisenoxyd, Magnesia und Kalk sind offenbar mit einem Sprung in die Höhe gegangen, während der Alkaligehalt auf die Hälfte reducirt worden ist; die Heklalaven haben deshalb einen entschieden basaltischen Charakter, während das Gestein von Námshraun als Liparit oder Trachyt zu bezeichnen ist.

2. Granophyre.

THORODDSEN erwähnt von Máfahlíð an der Nordküste der Snäffelshalbinsel »eine grosse Einlagerung eines röthlichen, grobkörnigen Liparites im Basalte»[2]). Es fanden sich in der mir zur Untersuchung übergegebenen Sammlung auch einige Stücke von diesem Vorkommen. — Das Gestein gleicht am meisten einem hellen, mittelkörnigen Syenit; eine Probe war mehr miarolithisch und erinnerte an die Sanidinite. Unter dem Mikroskop erkennt man als Gemengtheile Orthoklas und Quarz, theils in mikropegmatitischer Verwachsung, theils, mehr untergeordnet, als sebständige Individuen, ferner Plagioklas sowie Erze und etwas von einem hellgelben, in der Regel umgewandelten Biotit, endlich Zirkon und Apatit. — Der Plagioklas ist der älteste der wesentlichen farblosen Gemengtheile und kommt gewissermaassen als Einsprengling vor, oft mit etwas beträchtlicherer Korngrösse als

[1]) 1 ist Lava von Efrahvolshraun, 2 von der Lavastrom von 1845, 2 von Háls; alle sind von GENTH analysirt. (Annalen der Chemie und Pharmacie 66, 13 (1848).)

[2]) »Geologiske iakttagelser paa Snæffelsnes og i Omegnen af Faxebugten i Island»; Bihang t. Sv. Vet.-Akad. Handl. 17, II, N:o 2, S. 27 (1891).

die übrigen Mineralien. Jedes Plagioklaskorn ist von einem schmalen Mantel von Orthoklas umgeben und das Ganze wird seinerseits gern von einem grösseren Schriftgranitaggregat umsäumt, dessen Feldspath mit den Kernfeldspathen parallelgeordnet ist. Schriftgranitische Aggregate ohne Kern sind vielleicht nur durch die Schnittlage bedingt. Es entsteht in dieser Weise eine eigenthümliche und charakteristische *Granophyrstruktur*.

Die Plagioklaskörner enthalten bisweilen kleine Quarzkörner, welche mit anderen Quarzkörnern sowohl innerhalb als ausserhalb des Plagioklaskornes gleichzeitig auslöschen, doch scheint es in diesem Falle wahrscheinlicher, dass hier keine mikropegmatitische Verwachsung vorliegt, sondern dass in den Plagioklasen — welche oft korrodirt sind und unregelmässige Formen zeigen — Hohlräume entstanden, die später bei der Krystallisation des Quarzes ausgefüllt wurden. — Die Plagioklase führen ziemlich grosse, gradlinig begrenzte Glaseinschlüsse, in dem Quarz und dem Orthoklas kommen dagegen Glaseinschlüsse nur spärlich vor, weit häufiger sind Flüssigkeitseinschlüsse, von welchen sogar solche mit tanzender Libelle beobachtet wurden. — Das Gestein hat bereits eine Zersetzung durch die Athmosphärilien erfahren, daher der Feldspath trübe geworden ist und der Glimmer sich in der Mehrzahl der Proben vollständig zerstört zeigt. Die Umgrenzung der Zersetzungsprodukte zeigt, dass andere dunkle Mineralien als Glimmer nicht vorhanden gewesen sein können, und dass auch dieser nur spärlich auftrat.

Das Auffinden dieses Gesteins erhält dadurch ein gewisses Interesse, dass in ganz anderen und weit entfernten Theilen von Island im Wesentlichen hiermit übereinstimmende Gesteine auftreten. An erster Stelle ist hier der s. g. »Krablit» zu nennen, welcher in Form grosser Blöcke von dem Krater Víti am Krabla bei Mývatn ausgeworfen worden ist. — Der Krablit hat bekanntlich eine gewisse Rolle in der Geschichte der Mineralogie gespielt: er wurde von FORCHHAMMER [1]) und von GENTH [2]) analysirt und

---
[1]) Journal für praktische Chemie **80**. 392 (1843).
[2]) Ann. Chem. Pharm. **66**. 270 (1848).

für ein einheitliches Mineral gehalten und wurde danach in die Literatur als das sauerste Glied der Feldspathreihe eingeführt. 1853 zeigte jedoch BUNSEN,[1]) dass ein quarzhaltiges Gemenge vorlag und nicht ein einheitlicher Feldspath. Zu demselben Resultate kam ZIRKEL.[2]) 1882 wurde durch mikroskopische Untersuchung von SCHIRLITZ[3]) erwiesen, dass der Krablit ein ausgezeichnet granophyrischer Liparit sei, ein Resultat, das später durch BRÉON[4]) und BRÖGGER[5]) bestätigt wurde. — Ich selbst habe Gelegenheit gehabt, zum Vergleich mit dem Gestein von Máfahlíð 4 Dünnschliffe des Krablits zu studiren. — Es bestehen grosse Ähnlichkeiten zwischen den beiden Gesteinen: auch im Krablit tritt Plagioklas von Orthoklas umsäumt auf; die Umschliessung des Ganzen durch ein grösseres Schriftfeldspath-aggregat ist aber hier nicht so allgemein verbreitet und nicht so schön ausgebildet. Der Plagioklas zeigt schärfere Formen und keine Corrosionserscheinungen, ferner, im Gegensatz zum Gestein von Máfahlíð, nicht Zwillingsstreifung, aber wohl Zonarstruktur. Der hauptsächliche Unterschied liegt jedoch in den zahlreichen, langen Krystallen von graugrünem Augit, welche den Krablit durchspicken; diese finden sich wie erwähnt im Gestein von Máfahlíð nicht, und nichts deutet an, dass sie früher darin vorhanden waren. Glimmer führt der Krablit spärlich, es ist ein sehr dunkler Biotit. Ein drittes dunkles Mineral, das bei früheren mikroskopischen Untersuchungen übergesehen zu sein scheint, ist die Hornblende. Dieselbe bildet stark pleochroitische (grünlichbräunliche) Stengel, welche die charakteristischen Querschnitte der Amphibole besitzen. Ebensowenig wie der Augit zeigt dieselbe scharfe Begrenzung. — Die Ausbildung der Apatite des Krablits wird von SCHIRLITZ besonders betont. Sie sind faden-

---

[1]) Ann. Chem. Pharm. 89. 98 (1853).
[2]) PREYER und ZIRKEL »Reise nach Island» S. 317 (Leipzig 1862).
[3]) Tschermaks Mineralogische und Petrographische Mittheilungen 4. 418 (1882).
[4]) »Notes pour servir à l'étude de la géologie de l'Islande et des îles de Faeroe» S. 31 (Paris 1884).
[5]) In FLINK: »Mineralogiska Notiser 1»; Bihang till Vet.-Akad. Handl. Bd 12 Afd. II, N:o 21 S. 66 (1886).

förmig ausgezogen und durchsetzen nach ihm alle andere Gesteinsgemengtheile mit Ausnahme des Augits. In meinen Schliffen durchsetzen die langen — mit glasgefüllten Kapillärröhrchen gut zu vergleichenden — Apatite auch den Augit, was ja auch der gewöhnlichen Reihenfolge bei der Krystallisation dieser Mineralien nach zu erwarten wäre. — Der Quarz des Krablits ist sehr reich an grossen, schön ausgebildeten Glaseinschlüssen; wie erwähnt kommen solche nur spärlich im Gestein von Máfahlíð vor. — Der nur in Auswürflingen bekannte Krablit ist endlich frischer als das von anstehendem Felsen genommene Gestein von Máfahlíð; im ersteren sind die Feldspäthe noch glasig und die dunklen Mineralien erhalten geblieben.

Eine Analyse des Gesteins von Máfahlíð (1) ergab die folgenden Werthe, zum Vergleich mit welchen auch die Analysen des Krablits von FORCHHAMMER (2) und SCHIRLITZ (3) aufgeführt werden:

	1.	2.	3.
SiO_2	72.15	75.065	77.28
TiO_2	0.45	—	—
Al_2O_3	13.50	10.179	12.21
Fe_2O_3	3.12	4.714	2.67
MgO	0.16	0.460	0.57
CaO	0.93	1.785	1.28
K_2O	4.54	7.797 [1]	5.99 [1]
Na_2O	4.20		
H_2O	0.85	—	—
	99.90	100.00	100.00

Der Krablit ist also etwas kieselsäurereicher und enthält etwas mehr CaO und MgO.

Diesen Gesteinen schliesst sich ein »granitähnlicher Liparit« nahe an, welchen THORODDSEN 1882 bei Ljósárgil in Breiðdal, Ostisland, in grossen Blöcken fand. Das von mir untersuchte Stück ist nur sehr klein, es zeigt ein rothes, etwas porphyrisches

---

[1] Aus dem Verluste berechnet.

Gestein von mittlerer Korngrösse, das sich in keinerlei Weise in seinem Aussehen von älteren Gesteinen desselben Typus unterscheidet, weder makroskopisch, noch mikroskopisch. — Die Gemengtheile sind Orthoklas, Quarz, Plagioklas, Erz, Zirkon und Apatit. Die beiden ersteren kommen in der Regel als selbständige Körner vor, doch ist auch mikropegmatitische Verwachsung nicht selten. Dieselbe Anordnung von Plagioklaskernen mit schmaler Orthoklaszone und breiter Umrandung des Ganzen durch Mikropegmatit, welche in den beiden vorher erwähnten Fällen so häufig war, kommt auch hier vor, obwohl als Seltenheit. — Der Quarz beherbergt sowohl Glas- als Flüssigkeits- und Gaseinschlüsse. — Ein von den echten Graniten der Tiefengesteinsreihe abweichender Zug, welcher auch das Gestein von Máfahlið charakterisirt, ist der Mangel an dunklen Mineralien. Jetzt sind keine mehr da, aber auch die Anhäufungen von Erzkörnchen und Eisenoxydhydrat, die ihre ehemalige Existenz andeuten, zeigen unzweideutig, dass ihre Menge sehr gering gewesen ist.

Ähnliche Gesteine sind ferner von HELLAND [1]) aus Südostisland beschrieben. Die Vorkomnisse sind drei: Endalausadalstindr, bei Papós und bei Svinhólar. Die beiden letzteren sind mächtige Gänge, das erste ist dagegen ein grossser Stock. — Das Gestein von Endalausadalstindr, das ich nicht nur durch die Beschreibung, sondern auch, durch freundliches Entgegenkommen von Herrn Professor HELLAND, selbst habe studiren können, schliesst sich dem Gestein von Máfahlið sehr nahe an, sowohl in seiner Struktur als in der Mineralzusammensetzung; nur ist das spärlich vorhandene dunkle Mineral nicht Glimmer sondern grünliche Hornblende; auch kommt etwas Titanit vor, was in dem anderen Gestein nicht der Fall ist.

So lange man grobkrystallinische Gesteine wie den Krablit aus Island nur als Auswürflinge oder lose Blöcke kannte, konnte man annehmen, diese Gesteine hätten mit den Lipariten wenig zu thun, sie wären vielleicht als mitgerissene Bruchstücke einer

---

[1]) Archiv for Matematik og Naturvidenskab 9, 83 (Kristiania 1884).

in der Tiefe anstehenden, älteren Granitformation anzusehen, oder, wenn dies nicht der Fall wäre, so müsse doch ihre Sonderstellung in der Struktur durch eine Sonderstellung im Alter bedingt werden, und wir hätten in diesen Auswürflingen die ältesten Eruptivgesteine der isländischen Eruptivepoche vor uns. Diesen letztgenannten Standpunkt vertritt BRÉON.[1]) — Durch das Auffinden der Vorkomnisse bei Máfahlíð, Endalausadalstindr etc., wo die grobkrystallinen Granophyre die Basaltformation durchsetzen, ist es jedoch bewiesen, dass diese Gesteine in Bezug auf ihr Alter den übrigen Lipariten gegenüber keine Sonderstellung einnehmen.

Da so grosse Ähnlichkeiten zwischen diesen Gesteinen und dem Krablit existiren, so dürfte auch für diesen kein höheres Alter anzunehmen sein. — Die Krablitauswürflinge dürften vor Allem mit den Sanidiniten zu vergleichen sein; sie stehen wohl zu den Lipariten in demselben Verhältniss wie diese zu den Trachyten und jene ausgezeichnete Granophyrstruktur, welche die Krablite charakterisirt, rührt nur von ihren grösseren Kieselsäuregehalt her.

3. Liparite von Landmanna-afrjettur.

Im demselben Gebiete wie die beschriebenen, neuentdeckten, postglacialen, liparitischen Lavaströme kommen auch, wie auf der Kartenskizze (S. 642) angedeutet, ältere Liparite vor. Von diesen Gesteinen liegen mir Proben von *Rauðfossafjöll* und von *Suðurnámur* beim Námshraun vor. Von diesen zeigen sich besonders die Proben von Rauðfossafjöll durch ihre Frische und interessante Strukturformen aus, und sind deshalb etwas eingehender untersucht worden. — Es sind hellgraue Gesteine mit Einsprenglingen von Feldspath und grünem Pyroxen. Der Feldspath zeigt durchgehends Zwillingsstreifung, oft kreuzweise und sehr fein, so dass man glauben könnte, es sei Anorthoklas. Die Messung der

---

[1]) L. c. S. 41.

Auslöschungsschiefe auf Spaltblättchen nach {010} ergab cirka 6°, aber die an Stückchen der optisch geprüften Feldspäthe ausgeführten Dichtebestimmungen gaben als Resultat etwa 2.63, wesshalb diese Einsprenglinge einem Oligoklas-Albit zuzurechnen sind. Es wurde dies Resultat auch auf mikrochemischem Wege bestätigt: von verschiedenen Einsprenglingen wurden kleine Stückchen genommen und in bekannter Weise mit Flusssäure behandelt zur Darstellung der Kieselfluoride. Natron und Kalk zeigten sich hierbei als reichlich vertreten, Kali gelang es dagegen nicht nachzuweisen. — Die Form dieser Feldspäthe ist gut erhalten und sie sind sehr rein und frei von Einschlüssen abgesehen von hie und da vorhandenen Körnchen von Magnetit und kleinen pyramidalen oder auch prismatischen Zirkonen.

In allen Gesteinsproben dieser Lokalität tritt als relativ frühe Bildung — älter als die Feldspatheinsprenglinge — ein nur hier beobachtetes Mineral auf. Es sind braune, stark lichtbrechende Körner von geringer Grösse (0.1—0.3 mm), welche sich im polarisirten Licht als isotrop erweisen. Ihre Form ist meistens eine unregelmässige, doch sind Audeutungen von geradliniger Begrenzung wahrzunehmen. Die grösseren Körner sind oft nicht einheitlich, sondern aus mehreren kleineren Körnern aufgebaut, an denen in einigen Fällen sehr deutlich eine koncentrische Struktur beobachtet wurde. Dass es sich hier um ein reguläres Mineral und nicht um eine amorphe Substanz handelt, dafür spricht entschieden die hohe Lichtbrechung. — Das Mineral erwies sich bei Behandlung der Schliffe mit kalter Salzsäure als unlöslich; es wurde darauf die Isolation aus dem Gesteinspulver mittels Flusssäure versucht. Das Ergebniss dieser Operation bestand aber nur in einer Menge kleiner Zirkone; das betreffende Mineral war gelöst worden. — Da einige Eigenschaften desselben auf Pyrrhit deuteten, der ja in verwandten Gesteinen angetroffen worden ist, wurde dieser zum Vergleich herangezogen. Es ergab sich indessen eine zu grosse Verschiedenheit des Pyrrhits gegenüber dem unbekannten Mineral, als dass eine Deutung desselben als Pyrrhit statthaft erschiene.

In der Ausbildung der Grundmasse weichen die drei Proben dieser Lokalität einigermaassen von einander ab und müssen deshalb gesondert beschrieben werden. — Die Grundmasse der ersten Probe besteht zum weitaus grössten Theil aus leistenförmigem Feldspath, welcher in der Regel kleine Auslöschungsschiefen zeigt, doch sind Schiefen bis zu 10° beobachtet. Es kommt ferner als letzte Bildung sicher primärer Quarz vor, obwohl Quarz als Einsprengling nicht vorhanden ist — was überhaupt bei den isländischen Lipariten sehr selten ist. Sowohl der Quarz als der Feldspath führen Flüssigkeitseinschlüsse; in einigen grösseren Grundmassefeldspäthen wurden indessen auch unzweifelhafte Glaseinschlüsse beobachtet. — Endlich enthält die Grundmasse sehr untergeordnet kleine Körner von Erz, Pyroxen und Zirkon.

Die Struktur der durchaus holokrystallinen Grundmasse erweist sich als *mikrogranophyrisch*, charakterisirt durch das Vorkommen von mikropegmatitischen Verwachsungen von Feldspath und Quarz. Die Verwachsung ist eine ausserordentlich feine, so dass auch in den dünnsten Schliffen mehrere Quarz- und Feldspathpartien über einander liegen; es ist deshalb nicht möglich einen näheren Einblick in die Verwachsungsart zu bekommen. Die Auslöschung des Mikropegmatitkornes ist aus diesen Gründen anscheinend eine einheitliche: man kann die verschiedenen Auslöschungen des Quarzes und des Feldspathes nicht mehr auseinanderhalten. Diese Mikropegmatitbildungen treten besonders häufig um die Feldspathleistchen auf, und dann löscht das ganze Korn gleichzeitig mit seinem Kern aus.

Granophyrische Strukturformen sind bei echten Lipariten sehr ungewöhnlich (vergleiche ROSENBUSCH: Mikroskopische Physiographie der massigen Gesteine, 2 Aufl. S. 543 unten); in dem eben beschriebenen Liparite sind sie jedoch sehr schön ausgebildet.

Eine andere Probe von derselben Lokalität — ein etwas poröses Gestein mit kleinen Opalkugeln an den Wänden der Hohlräume — zeigt ganz dieselbe Mineralkombination wie die vorige, die Grundmasse ist nur etwas feinkörniger und ermangelt der mikropegmatitischen Verwachsungen; die Struktur nähert sich dadurch mehr einer trachytoiden.

Eine dritte Probe ist von THORODDSEN als »Liparitbreccie» etiquettirt. Rundliche Stücke eines grünlich gefärbten, ausgezeichnete Perlitstruktur zeigenden Glases liegen in einer weisslichen, etwas erdigen Grundmasse. Die letztere enthält hie und da einen kleinen Feldspatheinsprengling und zeigt auffallender Weise Andeutungen zur perlitischen Absonderung. Ohne diese würde man das Gestein bei makroskopischer Betrachtung für einen Tuff halten können. Unter dem Mikroskop sieht man dass die Hauptmasse aus einer mikrofelsitischen Basis besteht, in der die klaren, entweder rein glasigen oder mikrolith-führenden Perlitkugeln liegen. Als Ausscheidungen aus der mikrofelsitischen Grundmasse sind grössere und kleinere Feldspäthe und Pyroxene, sowie Krystalle des oben erwähnten, hier hellbraunen, isotropen Minerales, endlich Erz und Zirkon zu erwähnen. Die Vertheilung dieser Mineralien in der Grundmasse gleicht derjenigen in einem Eruptivgestein mehr als derjenigen in einem Tuffe. Dies wurde dafür sprechen, dass hier eine glasige Varietät des eben beschriebenen Liparites vorliege, die — besonders nach den perlitischen Sprüngen — mikrofelsitisch entglast worden wäre. — Auffallend bleibt es jedoch bei dieser Erklärungsweise, dass die Perlitkugeln immer mit scharfer Grenze gegen die Grundmasse absetzen und dass sie nie grössere Einsprenglinge enthalten, wie dies doch in der mikrofelsitischen Grundmasse der Fall ist.

Der Liparit von Suðurnámur — welchen, wie früher erwähnt, der Námshraun durchbrochen hat — bietet einige Verschiedenheiten von den eben beschriebenen Typen dar. Es ist ein graues, etwas zersetztes Gestein mit zahlreichen Feldspath- und sehr spärlichen, grünen Pyroxeneinsprenglingen. Die ersteren sind sehr frisch und rein, von vereinzelten grösseren Einschlüssen von farblosem Glase abgesehen. Zwillingsstreifung ist nur selten wahrzunehmen, doch misst man an den ungestreiften Feldspäthen häufig Auslöschungswinkel von $8°—10°$. Die Grundmasse besteht aus Feldspathleistchen nebst grünlichen und opaken Körnchen unbestimmter Natur, sowie aus reichlichen kleinen Sphärolithen, die sich zum Theil als Pseudosphärolithe erweisen.

Der ausgezeichnet frische, mikrogranophyrische Liparit von Rauðfossafjöll wurde einer Analyse unterworfen, die zu folgenden Resultaten führte:

SiO_2 .... 73.81
TiO_2 .... 0.97
Al_2O_3 .... 13.72
Fe_2O_3 .... 1.59
MgO 0.23
CaO 0.61
K_2O 4.09
Na_2O 5.29
100.31

Es ist dies offenbar die Zusammensetzung eines echten, an Eisen, Magnesium und Calcium armen, an Alkalimetallen reichen Liparites, und doch führt dies durchaus holokrystalline Gestein weder Quarz noch Sanidin als Einsprengling, sondern nur Oligoklas.

Der Liparit der Rauðfossafjöll wird von schwarzen und grünen Gängen durchsetzt, von welchen auch einige Proben zur Untersuchung gelangten. Es sind dies glasige Gesteine mit glänzendem, muschlichem Bruch, welche Einsprenglinge von Feldspath und hie und da Pyroxen erkennen lassen. Die Feldspäthe zeigen theils Leistenform, theils sind sie mehr isometrisch. Fast alle haben Zwillingsstreifung, deutlich und fein, bisweilen kreuzweise. — Die Grundmasse besteht aus einem Filz von Feldspath- und Pyroxenmikrolithen, sehr reichlich von einem bräunlichen Glase durchtränkt. Eisenerz und Zirkon finden sich auch, das braune isotrope Mineral wurde dagegen nicht beobachtet.

Es schien von Interesse diesen jüngeren, gangförmig auftretenden Liparit in Bezug auf seine chemische Zusammensetzung zu prüfen, um ihn mit den durchbrochenen Liparit vergleichen zu können. — Die Analyse zeigte:

SiO$_2$	71.14
TiO$_2$	0.48
Al$_2$O$_3$	12.98
Fe$_2$O$_3$	3.35
MgO	0.34
CaO	1.10
K$_2$O	3.84
Na$_2$O	4.97
H$_2$O	0.82
	99.02

Der gangförmige Obsidian zeigt also dem durchgesetzten Liparit gegenüber eine kleine Abnahme der Alkalien, der Thonerde und der Kieselsäure während dagegen Eisenoxyd und Kalk reichlicher vorhanden sind. — Der geringe Wassergehalt zeigt, dass das Gestein nicht als Pechstein, sondern als Obsidian zu bezeichnen ist.

4. Liparite von der Snäffels-halbinsel.

Nach der neuen geologischen Karte von THORODDSEN [1]) kommen auf der Snäffelshalbinsel die Liparite recht häufig vor. Diese Karte zeigt hier 16 Liparitvorkommnisse, während die älteren Karten nur 2 haben. Es beweist dies wie häufig bei genauerer Untersuchung neue Liparitvorkommen gefunden werden, aber gleichzeitig mit der Erkennung der grösseren Häufigkeit der Eruptionspunkte erhält die Thatsache immer wieder Bestätigung, dass mit nur ein Paar Ausnahmen die isländischen Lipariteruptionen immer sehr unbedeutend gewesen sind.

Es wurde von den Lipariten dieser Gegend die Varietät von Máfahlið schon besprochen. Die übrigen Proben zeigen sich in der Regel ziemlich zersetzt, nur das Gestein von *Hvítuskriður*, etwas NW von Snäffelsjökull, bildet in dieser Hinsicht eine

---

[1]) »Geologiske Iakttagelser paa Snäffelsnes og i Omegnen af Faxebugten i Island» Bihang till Sv. Vet.-Akad. Handlingar Bd 17 Afd. II N:o 2. (Stockholm 1891).

Ausnahme. — Nach THORODDSEN kommt der Liparit hier in Tuff vor, und wird von röthlicher, porphyrischer Lava bedeckt.[1]) Es ist ein helles, etwas fleckiges Gestein, worin gelbliche und grünliche Partien mit einander wechseln. Es hängt wohl dies damit zusammen, dass der Pyroxen dieses Gesteins theils grün, theils gelb ist. Dies wäre vielleicht als ein sekundäres Phenomen aufzufassen, sonst macht aber das Gestein den Eindruck grosser Frische. — Es führt Einsprenglinge von Feldspath, sowie spärlich auch von grünem Pyroxen und Erz. Die Feldspäthe, welche sehr oft in Anhäufungen auftreten, lassen in der Regel Zwillingsstreifung erkennen. — Die Grundmasse zeigt ausgezeichnete trachytische Struktur mit subparallel angeordneten, äusserst reichlichen Feldspathleistchen. Ausserdem finden sich gelbe und grüne Pyroxene welche sich in ihrem Aussehen durch nichts als durch die Farbe unterscheiden, ferner Zirkon und Erz, sowie endlich als letzte Zwischenklemmungsmasse etwas Glas, doch sehr wenig.

Das Gestein trennt sich durch seine ausgeprägte trachytische Struktur deutlich von den übrigen untersuchten Liparitvarietäten und wurde deshalb einer Analyse unterworfen:

SiO_2 .... 66.55
TiO_2 .... 0.66
Al_2O_3 .... 16.35
Fe_2O_3 .... 4.00
MgO 0.38
CaO 1.34
K_2O 4.97
Na_2O 5.40
H_2O 0.40
100.05

Wie ersichtlich nähert sich dieses Gestein nicht nur durch seine Struktur den Trachyten: sein niedriger Kieselsäuregehalt und

---

[1]) L. c. S. 28.

der hohe Gehalt an Alkalien bei zurücktretenden Kalk und Magnesia stellen diesen Liparit an die Grenze gegen die echten Trachyten.

Es ist ferner von Hvammur in Hvammssveit, also etwas nördlich von der Snäffelshalbinsel, ein hellgraues Gestein zu erwähnen, welches eine ausgezeichnete Perlitstruktur zeigt. Unter dem Mikroskop erblickt man keine andere Auscheidungen im Glase als zahlreiche, schwarze Trichitenbündel, welche so gross sind, dass sie schon mit einer einfachen Loupe erkannt werden können. Es sind wohl dies die Eisenerze, die sich als Trichite ausgeschieden haben.

5. Liparite von Hliðarfjall bei Mývatn.

Die von THORODDSEN im Jahre 1884 gesammelten und Dr. SAUER übergegebenen Liparitproben stammen von einem ganz anderen Theil von Island als die vorher beschriebenen, nämlich von Hliðarfjall bei Mývatn in Nordostisland. Der Hliðarfjall ist ein hoher Rücken, hauptsächlich aus einem hellgrauen, porösen Liparit bestehend, erst ganz oben tritt eine Partie von Obsidian auf, welcher theils dicht, theils sphärolithisch ist.[1] Das mir zugängliche Material bestand aus drei Stücken von etwas verschiedenem Aussehen: ein schwarzer Obsidian, ein mehr in's Grau spielendes, ebenfalls sehr glasiges Gestein und endlich ein hellgraues, schwarzpunktirtes, jetzt holokrystallines Liparitstück. Wie die nähere Untersuchung zeigte, gehören diese drei Typen zusammen.

Die beiden ersten Typen zeigen ein bräunliches, nur einzelne Pyroxenmikrolithe führendes Glas mit Einsprenglingen von ziemlich scharf begrenztem Feldspath, grünem Augit, Erz und Zirkon, sowie sehr spärlich auftretenden, stark abgerundeten

---

[1] Siehe F. JOHNSTRUP: »Om de vulkanske Udbrud og Solfatarerne i den nordöstlige Del af Island», S. 8—9. (Abdruck aus der Festschrift des naturhistorischen Vereines; Kopenhagen 1886).

Körnern eines pleochroitischen Pyroxenminerales, das Hypersthen zu sein scheint. Die Feldspatheinsprenglinge zeigen bisweilen Zwillingsstreifung und Zonarstruktur, aber auch an ungestreiften Schnitten habe ich sehr oft grosse Auslöschungsschiefen gegen die Längsrichtung der Leisten gemessen. Sie gehören deshalb wohl sämmtlich in die Plagioklasreihe. Glaseinschlüsse kommen in diesen Feldspäthen vor, und zwar sowohl farblose als dunkelbraune, welche theils getrennt in verschiedenen Körnern, theils aber auch zusammen in demselben Korn beobachtet wurden. Eine bestimmte Regelmässigkeit in ihrer relativen Anordnung konnte ich nicht finden.

Neben den beschriebenen Ausscheidungen finden sich auch, in der glasigen Grundmasse zerstreut, eigenthümliche, sphärolithische Bildungen. Bei typischer Ausbildung sind dies 0.2—0.3 mm grosse Kugeln von grünlich brauner Farbe, welche sich als aus lauter kleinen, rundlichen Täfeln aufgebaut zeigen. Als Kern in diesen Kugeln kommt häufig ein kleiner Feldspath vor; in einem Falle ist aber ein 0.3 mm grosser, wohl ausgebildeter, aus Feldspath- und Quarzstengeln bestehender Pseudosphärolith als Kern beobachtet. Die Sphärolithe gehören also den letzten Bildungen vor der Erstarrung an. Studirt man die Täfelchen genauer, so sieht man, dass ihre Ränder durch winzige, dunkle Pünktchen markirt sind. Wenn die kleinen Tafel einzeln im Glase liegen — was bisweilen der Fall ist — so kann man beobachten, dass sie sehr hell gefärbt sowie schwach doppelbrechend sind und sich wenig von dem Glase abheben, also geringe Lichtbrechung haben und deshalb keinem Magnesium-Eisenmineral zuzutheilen sind. Die einzelnen Täfelchen erscheinen homogen; eine Faserigkeit lässt sich, auch mit den kräftigsten Vergrösserungen, daran nicht entdecken.

Die Schliffe der dritten Probe bieten ein etwas verschiedenes Aussehen. Die Einsprenglinge sind dieselben, aber statt des Glases erblickt man eine feinkörnige Grundmasse, die wohl aus Feldspath, Quarz und Erz besteht, sowie ferner sehr schönen Tridymit als letzte Bildung massenhaft enthält. Es deutet dies mehr auf eine Individualisirung des Glases durch sekundäre Vorgänge als auf normale Krystallisation des Magmas. Ist dies richtig, so werden die Bildungen, die uns hier statt der Sphärolithen begegnen, sehr auffallend. In genau entsprechender Vertheilung finden wir nämlich hier durch schwarze Pünktchen stark imprägnirte, schwach doppelbrechende, rundliche Anhäufungen, welche ebenso wie die bräunlichen Kügelchen des Obsidianes häufig einen Kern von Feldspath besitzen; es wurden sogar zweimal schöne Pseudosphärolithe als Kerne beobachtet, genau wie bei jenem. Aber auch eine andere Ähnlichkeit fällt sogleich in die Augen: die schwarzen Pünktchen liegen auch hier so, als ob sie die Kanten von Täfelchen markirten. Es ist offenbar, dass diese Bildungen den oben beschriebenen Sphärolithen entsprechen. Studirt man aber auch hier bei stärkster Vergrösserung die durch die Pünktchen begrenzten einzelnen Täfelchen, so ergibt sich dass sie sehr deutlich faserig sind, wobei die Längsrichtung der Faser negativ ist. In einigen besonders günstigen Fällen gelang es ferner nachzuweisen, dass diese, öfters etwas sphärolithisch angeordneten Faserbündel nicht homogen waren, indem bei Einschaltung eines Gypsblättchens mit Roth erster Ordnung neben einander sowohl gelbe als blaue Strahlen vorkamen. Es ist deshalb höchst wahrscheinlich, dass jene Bildungen Pseudosphärolithe aus Feldspath mit etwas Quarz sind.

Die Verhältnisse sind also hier die folgenden: in dem frischen Obsidian haben wir Kügelchen, aus kleinen Tafeln aufgebaut, die hellgrünlich, schwach aber einheitlich doppelbrechend sind und sich völlig homogen verhalten. In dem reichlich tridymitführenden Gestein finden sich in genau entsprechender Lage wie die Täfelchen, als Pseudomorphosen nach denselben, Sphärolithe von Feldspath und Quarz. Es ist somit höchst wahrscheinlich, dass diese Sphärolithe aus den Tafeln hervorgegangen sind, und wären deshalb die Täfelchen als aus Mikrofelsit bestehend zu betrachten.

Der reinste Obsidian wurde analysirt mit folgenden Resultaten:

SiO$_2$	73.40
TiO$_2$	0.43
Al$_2$O$_3$	12.90
Fe$_2$O$_3$	3.70
MgO	0.14
CaO	2.35
K$_2$O	2.99
Na$_2$O	3.83
H$_2$O	0.43
	100.17

JOHNSTRUP (l. c.) hat in diesem Obsidian 74.30, in dem zugehörigen Liparit 73.91 % SiO$_2$ gefunden. Auffallend ist die geringe Menge von Alkalien, der hohe Gehalt an Kalk bei diesem recht sauren Gestein. Man vergleiche zum Beispiel die Analyse des etwa denselben Kieselsäuregehalt zeigenden Liparits von Rauðfossafjöll, wo die Verhältnisse ganz anders sind. Es zeigt dies, das wir in dem Gestein von Hliðarfjall einen Liparit vor uns haben, der an der Grenze gegen die Dacite steht.

6. Petrographische Charakteristika der isländischen Liparite.

Es kommen in Island von den strukturel getreunten Abtheilungen der liparitischen Gesteine hauptsächlich nur *die eigentlichen Liparite* und *die Liparitgläser* vor. Eigentliche einsprenglingsreiche *Nevadite* sind nicht bekannt, wenn nicht das von SCHMIDT[1]) beschriebene Gestein von Baer auf der Südküste der nordwestlichen Halbinsel vielleicht jener Abtheilung zuzutheilen sei. Wohl aber kommen Ausbildungen des Magmas vor, wobei die Struktur der Gesteine nicht porphyrisch ist und sich derjenigen der Tiefengesteine nähert ohne dieselbe jedoch zu erreichen: echte Granite sind bisjetzt nicht aus Island bekannt, nur *Granophyre*.

---

[1]) Zeitschrift der deutschen Geol. Ges. 37, 762 (1885).

In Bezug auf die mineralogische Zusammensetzung sind die isländischen Liparitgesteine sehr einförmig, es ist in den meisten Fällen nur Feldspath, Pyroxen, Eisenerz, Zirkon und Glas zu sehen. Dazu sellen sich Quarz, Tridymit, Apatit und Olivin, sowie in einigen vereinzelten Fällen Hornblende, Biotit, Hypersthen und Titanit. Andere primäre Mineralien sind aus ihnen nicht bekannt, so ist z. B. Cordierit nie beobachtet.

Quarzeinsprenglinge sind nur in 4 Fällen beobachtet, nämlich theils aus dem Gestein der bekannten Baula-kegel, ferner bei Fagraues (SCHIRLITZ[1]) bei Skarðsheidi gegenüber Skorradalsvand (BRÉON[2]) sowie aus dem in vielen Beziehungen interessanten, nevaditähnlichen Gestein von Baer (SCHMIDT l. c.). Auch primärer selbständiger Quarz in der Grundmasse ist in den eigentlichen Lipariten selten, als ein gutes Beispiel davon kann der mikrogranophyrische Liparit von Rauðfossafjöll angeführt werden.

Sehr auffallend ist der fast absolute Mangel der isländischen Liparite an *Biotit*, das sonst in den Lipariten am weitesten verbreitete unter den dunklen Mineralien. Nur dreimal und in allen Fällen sehr spärlich ist Glimmer beobachtet worden, nämlich in dem Gestein von Námshraun, dem kieselsäureärmsten der isländischen Liparite, sowie ferner in dem s. g. Krablit und in dem Granophyr von Máfahlíð. SCHIRLITZ[3] erwähnt zwar aus dem Obsidian von Hrafntinnuhryggur auch Biotit, aber nach seiner Beschreibung möchte ich glauben, dass durchsichtige Titaneisentäfelchen damit verwechselt worden sind. Es kommen nämlich in einem reinen Glase, als einzige Ausscheidung, kleine hexagonale Tafeln vor, die theils undurchsichtig sind und von SCHIRLITZ wohl mit recht als Titaneisen gedeutet werden, theils sind sie aber mit brauner Farbe »durchscheinend» und dann werden sie für Biotit gehalten. Dünnste Täfelchen von Titaneisen sind ja aber auch durchschei-

---

[1] Tschermaks Min. Petr. Mitth. 4, 422 (1882).
[2] »Notes pour sevir à l'étude de la géologie de l'Islande et des isles Färö», S. 30 (Paris 1884).
[3] L. c., S. 427.

nend mit bräunlicher Farbe und ich möchte es deshalb für wahrscheinlich halten, dass die Biotite nur die dünnsten Titaneisentafeln waren.

Hornblende ist ebenfalls ein seltener Gast in den isländischen Lipariten. SCHIRLITZ erwähnt dieselbe von Fagranes im Öxnadalr, SCHMIDT aus dem Gestein von Baer, HELLAND[1]) aus dem Granophyr von Endalausadalstindr, BRÉON hat nie primäre Hornblende in diesen Gesteinen gesehen, ich selbst nur in dem Krablit.

Hypersthen (?) ist in dem Liparitobsidian von Hliðarfjall beobachtet, kommt aber sonst nie vor. Das von SCHMIDT als rhombischer Pyroxen betrachtete Mineral halte ich für Olivin.[2])

Titanit wurde nur in dem Gestein von Endalausadalstindr von HELLAND beobachtet; der in den neueren Analysen vorhandene, nicht unbedeutende Titansäuregehalt steckt also nur in dem Titaneisen.

Unter den *Feldspatheinsprenglingen* kommen in allen von mir untersuchten Gesteinen *gestreifte* Feldspäthe vor. Daneben finden sich in mehreren — aber nicht allen — Fällen auch ungestreifte. Solche ungestreifte Feldspäthe haben sich jedoch mehrmals bei näherer Prüfung als Plagioklase gezeigt; unzweifelhaften Sanidin gelang es nur in wenigen Fällen nachzuweisen. BRÉON hat die Vermuthung ausgesprochen, dass die isländischen Liparite Anorthoklaseinsprenglinge führen, und ich kan bezeugen, dass ich hier Feldspäthe gesehen habe, die durch ihre äusserst feine, kreuzweise Zwillingsstreifung in hohem Grade an Anorthoklase erinnerten, aber in den Fällen, wo ich solche Feldspäthe mikrochemisch und auf ihr sp. Gew. geprüft habe, erwiesen sie sich als Oligoklase. Doch scheint mir die Zusammensetzung der isländischen Liparite dafür zu sprechen, dass man in ihnen auch Anorthoklase erwarten kann, die dann jedoch wahrscheinlich der Grundmasse angehören würden.

---

[1]) Archiv for Matematik og Naturvidenskab. 9, 84 (Kristiania 1884).
[2]) Vergl. S. 644.

Es wäre nicht zu rechtfertigen, wenn man die isländischen Liparite wegen ihre Plagioklaseinsprenglinge als *Andesite* klassificiren wollte, wie dies BRÉON in mehreren Fällen gethan hat. Der Liparit von Rauðfossafjöll z. B. führt *nur Oligoklaseinsprenglinge*, seiner chemischen Zusammensetzung nach ist er aber als ein echter Liparit zu bezeichnen, der nur 0.6 % CaO enthält und dessen *Grundmassenfeldspäthe* wohl ganz kalkfrei sein müssen.

ZIRKEL[1]) und SCHIRLITZ[2]) erwähnen beide, dass Quarzkryställchen als Einschlüsse in den Feldspatheinsprenglingen vorkommen. Solche habe ich nie beobachten können. dagegen sehr häufig kleine, scharf begrenzte, oft pyramidale *Zirkone*. Die Art und Weise, wie ZIRKEL und besonders SCHIRLITZ die »Quarzkryställchen» beschreiben — »im polarisirten Lichte intensiv gefärbt» und »an den Rändern grösserer (ebenfalls eingeschlossener) Magneteisenkörner gleichsam klebend» — stimmen nun so auffallend gut mit Zirkon, dass ich vermuthen möchte. dass hier eine Verwechselung vorliege. Es muss hervorgehoben werden, dass als ZIRKEL diese Erscheinung beschrieb der Zirkon als mikroskopischer Gemengtheil von Gesteinen noch nicht bekannt war[3]) und SCHIRLITZ hat vielleicht die Erklärung ohne Prüfung aufgenommen, obwohl damals der Zirkon beschrieben worden war. SCHMIDT[4]) bestreitet auch das Vorkommen von kleinen Quarzen in den Einsprenglingsfeldspäthen der isländischen Liparite, vermuthet aber, dass damit kleine Körner von dem von ihm für rhombischen Pyroxen gehaltenen, von mir als Olivin aufgeführten Minerale verwechselt worden sind. Wenn ich SCHMIDT recht verstehe, so hat er aber selbst solche Einschlüsse von dem genannten Minerale nicht gesehen, und ich möchte es deshalb als viel wahrscheinlicher betrachten, dass es sich um kleine Zirkone gehandelt hat.

[1]) Zeitschrift d. d. geol. Ges. **19**, 782 (1867); ferner »Mikroskopische Beschaffenheit der Mineralien und Gesteine», S. 380 (Leipzig 1873).
[2]) Tschermaks Min. Petr. Mitth. **4**, 426, 428 und 432 (1882).
[3]) Dies wurde erst 1876 durch TÖRNEBOHM gethan.
[4]) Zeitschr. d. d. geol. Ges. **87**, 751 (1885).

7. Die isländischen Liparite in chemischer Beziehung.

Um ein richtiges Bild von dem Charakter der chemischen Zusammensetzung der isländischen Liparite zu bekommen, ist es nicht genügend nur alle vorhandene Analysen zusammenzustellen; unter diesen sind viele sehr alte Analysen, viele, welche auf den ersten Anblick als unbrauchbar erkannt werden, sei es dass das Analysenmaterial nicht mehr unverändert war, oder dass die Analyse selbst sich mit Wahrscheinlichkeit als fehlerhaft darstellt. Es muss deshalb der Zusammenstellung eine Sonderung vorhergehen.

In vielen Fällen ist es natürlich unmöglich zu sagen, ob eine Analyse die Aufnahme verdient oder nicht, aber immerhin wird man sagen können, dass diejenigen Analysen, welche die folgenden Bedingungen nicht erfüllen, ausgeschlossen werden müssen:

1. Die Analyse muss an dem Gesammtgestein ausgeführt worden sein. Falls es angegeben wird, dass das Gestein vorher durch Auslesen, Schlämmen c. d. von irgend einem Gemengtheil befreit wurde, so entspricht die Analyse nicht der Zusammensetzung des ganzen Gesteins.

2. Die Alkalien müssen getrennt sein und vor Allem nicht aus dem Verluste berechnet.

3. Es muss zwischen Al einerseits und K, Na, Ca andererseits ein gewisses Verhältniss bestehen, es soll nämlich *wenigstens so viel* Al_2O_3 zugegen sein um mit K_2O und Na_2O Feldspath bilden zu können, dagegen *weniger* als erforderlich um noch dazu allen CaO als Anorthit zu binden. (Doch sind Analysen, welche diese Grenzen nur ein wenig — bis $1/4\%$ — überschritten, mitaufgeführt). Es entspricht dies der Thatsache, dass in sauren Magmagesteinen, welche nicht oder sehr spärlich Thonerde- oder Eisenoxydhaltige Pyroxene oder Amphibole führen, alle thonerdeführende Mineralien Alkalien oder Kalk halten und zwar in dem Verhältniss K : Al resp. Na : Al resp. $\frac{1}{2}$ Ca : Al ist gleich 1 : 1. Da das Ca theilweise als Pyroxen gebunden ist, muss der Thonerdegehalt deshalb in unveränderten Gesteinen zwischen den angegebenen Grenzen liegen.

Es sind ferner Aschen u. d. ausgeschlossen worden, ebenso auch die Ganggesteine, einmal weil sie quantitativ unbedeutend sind, und dazu noch weil sie so oft lokale Spaltungen zeigen. Es bleiben nach dieser Sonderung nur folgende 17 Analysen als brauchbar zurück:

Analysen isländischer Liparitgesteine:

	1.	2.	3.	4.	5.	6.
SiO_2	78.95	77.92	75.91	75.12	74.1	73.81
Al_2O_3	10.22	12.01	11.49	11.34	12.0	13.72
Fe_2O_3	3.23	1.67	2.37	3.92	2.1	1.59
MgO	0.14	0.13	0.76	0.39	1.0	0.23
CaO	1.84	0.76	1.56	1.73	3.8	0.61
K_2O	1.76	3.27	5.64	1.85	5.0	4.09
Na_2O	4.18	4.59	2.51	4.39	1.0	5.29

	7.	8.	9.	10.	11.	12.
SiO_2	73.57	73.40	73.37	72.74	72.15	71.35
Al_2O_3	17.19	12.90	17.25	10.53	13.50	17.33
Fe_2O_3		3.70		7.30	3.12	
MgO	0.81	0.14	1.52	1.51	0.16	0.19
CaO	1,41	2.35	2.49	2.47	0.93	1.24
K_2O	2.19	2.99	3.01	3.00	4.54	4.23
Na_2O	4.83	3.83	2.35	2.33	4.20	5.66

	13.	14.	15.	16.	17.
SiO_2	69.81	69.70	67.91	66.55	62.72
Al_2O_3	14.86	14.78	15.17	16.35	15.69
Fe_2O_3	3.21	2.98	3.92	4.00	5.25
MgO	0.43	0.59	0.55	0.38	1.34
CaO	1.38	1.07	1.59	1.34	3.33
K_2O	4.40	4.45	4.52	4.97	4.19
Na_2O	5.56	4.77	5.36	5.40	5.45

1. Arnarhnipa bei Laxá (BUNSEN; Pogg. Ann. 83).
2. Strútarhála bei Kalmanstunga (BUNSEN).
3. Baula (BUNSEN).
4. Hrafntinnuhryggur Liparit (BUNSEN).
5. Baula (WINKLER; »Island, der Bau seiner Gebirge etc.«. München 1863).
6. Rauðfossafjöll.
7. Öxnadalr (BUNSEN).
8. Hlíðarfjall bei M. vatn.
9. Klettaberg bei Kalmanstunga (BUNSEN).
10. Kalmanstunga (BUNSEN).
11. Máfahlíð auf der Snäffelshalbinsel.
12. Hrafntinnuhraun, Obsidian (BUNSEN).
13. Dómadalshraun.
14. Hrafntinnuhraun, Liparit.
15. Laugahraun.
16. Hvítuskriður, Snäffelsnes.
17. Námshraun.

Das Auffallendste bei dieser Zusammenstellung ist das procentische Vorwalten des Natrons vor dem Kali. Ausnahmen finden nur bei 5 Analysen statt, und bei drei von diesen ist der Unterschied nur gering; bloss in den Analysen 3 und 5 herrscht das Kali entschieden. Beide diese Analysen beziehen sich auf das Gestein von der Baula. Von diesem hat man noch drei Analysen, eine von SCHIRLITZ,[1]) in der Kali vorherrscht, und eine von FORCHHAMMER[2]) sowie eine von KJERULF,[3]) welche beide einen bedeutenden Überschuss an Natron zeigen. Es deutet dies darauf hin, das man in dem Baulakegel verschiedene Varietäten vor sich hat, was auch aus den Beschreibungen hervorgeht. Dass der Unterschied zwischen den Analysen auf ganz lokale Variationen in der Vertheilung der Feldspäthe zurückzuführen wäre, wie SCHIRLITZ annimmt, kann ich nicht für wahrscheinlich halten. Falls diese Annahme richtig und die Erscheinung nicht nur eine Eigenthümlichkeit der Baula wäre, so würde es z. B. sehr auffallend sein, dass bei der Untersuchung der vier zweifelsohne nahe verwandten Lavaströme in der Landmannaafrjettur ein fast konstantes Verhältniss zwischen den Alkalien

---
[1]) Tschermaks Min. Petr. Mitth. 4, 416 (1882).
[2]) Journal für prakt. Chemie. 30, 385 (1843).
[3]) Nyt Magazin for Naturvidenskaberne. 8, 88 (Kristiania 1853).

gefunden wurde. Nach SCHMIDT[1]) bildet diese kalireiche Varietät nicht die Hauptmasse des Baulakegels.

In den drei übrigen Analysen, welche procentisch mehr Kali als Natron enthalten, ist doch das Atomverhältniss Na : K grösser als 1 und man ist deshalb wohl berechtigt, die isländischen Liparite im Ganzen als *Natronliparite* zu bezeichnen.

Der Eisengehalt bleibt immer ziemlich gering und dadurch trennen sich diese Gesteine entschieden von den Panteleriten, denen sie sich sonst durch ihren hohen Natrongehalt nähern. In diesem geringen Eisengehalt ist wohl auch der Grund zu suchen, warum in diesen Gesteinen trotz ihrem Reichthum an Alkalien doch nie alkalihaltige Pyroxene und Amphibole gebildet worden sind. Der Mangel an Biotit ist dagegen schwerer zu verstehen. Sollte dies im Zusammenhang mit dem Vorwalten des Natrons zu bringen sein? Dies würde nicht ganz ohne Analogien stehen, so gibt z. B. BRÖGGER[2]) an, dass in den Natrongraniten der Kristianiagegend Biotit selten ist und in der Regel fehlt.

Es ist auffallend, dass die postglacialen liparitischen Laven den Abschluss der nach fallendem Kieselsäuregehalt geordneten Reihe bilden, nur durch das trachytische Gestein von Hvítuskriður unterbrochen. Ihr Alkaligehalt ist auch verschieden von demjenigen der übrigen Liparite und zwar bedeutend höher. Sie bilden deshalb zusammen eine kleine selbständige Gruppe unter den isländischen Lipariten. Dass aber dies nicht eigentlich auf ihre weit jüngere Bildungszeit zurückzuführen ist, sondern vielmehr auf örtliche Verschiedenheiten, zeigt ein Vergleich mit dem aus derselben Gegend wie die Laven stammenden, alten Liparit von Rauðfossafjöll (6). Derselbe ist zwar saurer, schliesst sich aber betreffs des Alkaligehaltes den jüngeren Lipariten nahe an.

Aus der Zusammenstellung ist ferner zu ersehen, dass unter den sauren isländischen Gesteinen es kaum echte Trachyte noch echte Dacite gibt. Es existiren jedoch Gesteine, welche auf der Grenze gegen die Trachyte und Dacite stehen. Den Trachyten

---

[1]) Zeitschr. d. d. geol. Ges. **37**, 753 (1885).
[2]) Zeitschrift für Krystallographie **16**, I. 68 (1890).

nähern sich einerseits des Gestein von Námshraun (17), andererseits dasjenige von Hvítuskriður (16); den Daciten stehen die beiden Gesteine von Kalmanstunga (9, 10), sowie der Liparit von Hlíðarfjall (8) nahe.

BRÉON hat einige basaltische Gesteine aus Island als Augitandesite bezeichnet. Solange aber der Nachweis ihrer andesitischen Natur nicht auch auf chemischen Wege geliefert worden ist, dürfte man berechtigt sein, dieselben fortan als Basalten anzuführen, denen sie jedenfalls sowohl strukturell als durch ihren Olivingehalt sehr nahe stehen. Die Analogie mit den schottischen Verhältnissen[1]) lässt jedoch andesitische Gesteine in Island vermuthen, nach Allem was man weiss können sie indessen nur eine unbedeutende Rolle spielen.

Island bildet das Centrum des grossen arktischen Eruptionsgebietes, das Centrum nicht nur in geographischer Beziehung, sondern auch dadurch, dass die vulkanische Thätigkeit sich hier am kräftigsten entfaltet hat und am längsten fortdauert. Dies grosse arktische Eruptionsgebiet streckt sich einerseits bis Spitzbergen und Franz-Josephs Land, andererseits bis Grönland, und im Süden bis Schottland und Irland: es ist somit eines der ausgedehntesten, die man kennt.

Island am nächsten liegen *die Färöer*. Sie bestehen fast ausschliesslich aus mächtigen Basaltdecken, denen in Island völlig ähnlich. Dagegen habe ich keine Angaben über etwa vorhandene liparitische Gesteine finden können.

Weiter südlich finden wir auf der Westküste *Schottlands* und der Nordostecke *Irlands* hierhergehörige Gesteine, über deren geologische Verhältnisse A. GEIKIE neuerdings so ausgezeichnet berichtet hat.[2]) Bei Weitem die erste Rolle spielen auch hier die Basalte, daneben kommen aber auch propylitisch umgewandelte, andesitische Gesteine ziemlich basischer Natur vor,[3]) sowie

---

[1]) JUDD: Quart. Journ. Geol. Soc. **46**, 341 (1890).
[2]) »The history of volcanic action during the tertiary period in the british isles» Trans. Roy. Soc. Edinburgh. Bd **35**, S. 21—184.
[3]) JUDD: l. c.

ferner liparitische Gesteine. Diese letzteren, über welche eine
ausführliche petrographische Untersuchung noch nicht vorliegt,
gleichen den isländischen sowohl in der Form des Auftretens als
in der Struktur völlig. Es kommen sowohl grössere intrusive
Massen als Gänge und Lavaströme [1]) vor. Von besonderem Interesse beim Vergleich mit den isländischen Verhältnissen ist
die Angabe A. GEIKIE's,[2]) dass die am meisten charakteristische
und gewöhnlichste unter den Strukturformen dieser sauren Intrusionen die *granophyrische* ist. Während aber in Island die
Granophyre die Endglieder der krystallinen Ausbildung der Magmen representiren, so sind aus Schottland ausserdem echte Granite tertiären Alters bekannt.

Die noch thätigen Vulkane auf *Jan Mayen* haben Basalte
geliefert. Doch ist auch durch SCHARITZER ein saures, alkalireiches Gestein bekannt worden.[3])

In *Grönland* begegnen uns drei grosse Gebiete eruptiver
Thätigkeit aus tertiärer Zeit. Es ist zuerst das schon längst
bekannte Vorkommen an der Westküste zwischen 69° und 73°
n. Br. Die erumpirten Massen sind Basalte, nur von einem
einzigen Punkte, der Südspitze des Ubekjendt Eiland, erwähnt
K. J. V. STEENSTRUP[4]) schmale Gänge im Basalte von »einem
gewöhnlichen, aber stark verwitterten Trachyt«.[5])

Weiter nördlich an der Westküste fängt bei Cap York ein
neues Basaltgebiet an, das sich bis 78° n. Br. erstreckt.[6]) Auf
der grönländischen Ostküste findet sich ferner in der Gegend
nördlich von Kaiser Franz Josephs Fjord, zwischen 73° und 75$\frac{1}{2}$°

---

[1]) GEIKIE: l. c., S. 178.
[2]) GEIKIE: l. c., S. 147.
[3]) Jahrb. d. k. k. geol. Reichsanstalt 1884, S. 722.
[4]) »Meddelelser om Grönland«. Heft. 4, S. 191 (Kopenhagen 1883).
[5]) Dicht an diesem Vorkommen findet sich, emporragend aus der Basaltdecke,
das Sarkak-Berg, das aus Granit besteht während Granit sonst auf dem Gebiete der ganzen STEENSTRUP'schen Karte nicht vorkommt. Sollte vielleicht
dieser Granit ein Äquivalent der isländischen und schottischen Granophyre
sein, dessen Ausläufer die genannten »Trachytgänge« wären?
[6]) SUTHERLAND: Quart. Journ. Geol. Soc. Bd 9, S. 297—298 (1853).

n. Br. noch ein drittes Eruptionsgebiet mit gewaltigen Basaltdecken.[1])

Auf *Spitzbergen* kennt man grosse Basaltvorkommnisse, in denen aber nach mündlicher Mittheilung des Freiherrn A. E. NORDENSKIÖLD liparitische Gänge nie beobachtet worden sind, und ferner haben die Erforschungen des *Franz Josephs Land* gezeigt, dass sich hier grosse, postcretaceische Basaltdecken in weiter Ausdehnung finden.[2])

Sollten schliesslich die ›Basalte‹ der von der ›Jeanette‹-Expedition [3]) entdeckten *Benettinsel* (78° 38′ n. Br. und 148° 20′ ö. L. von Greenwich) sich petrographisch und zeitlich den übrigen anschliessen, so wird die Ausdehnung dieses arktischen Eruptivgebietes eine noch grössere.

Die am meisten charakteristische Eigenthümlichkeit dieses grossen arktischen Eruptivgebietes ist *das auffallende Vorherrschen der basaltischen Gesteine gegenüber den liparitischen*, welche auf Island sicher nicht 1 % der gesammten Oberfläche einnehmen, obwohl sie wenigstens dort so häufig und in allen Theilen der Insel angetroffen werden. Stellen wir uns auf den Standpunkt der BUNSEN'schen Theorie der zwei getrennten Heerde, des ›normalpyroxenischen‹ und des ›normaltrachytischen‹, so ist hieraus zu folgern, dass der ›normaltrachytische‹ Heerd dem ›normalpyroxenischen‹ gegenüber sehr klein sei. Selbst in Island aber sind die Verhältnisse viel zu komplicirt um mit der Annahme von nur zwei Heerden erklärt werden zu können. Es ergibt sich dies sehr deutlich durch einen Vergleich zwischen verschiedenen Gesteinen mit ähnlichem Kieselsäuregehalt, so z. B. 6 und 8 oder 3 und 4.

Man wird wohl der Wahrscheinlichkeit näher kommen durch die Annahme, dass das hier ursprünglich befindliche, sehr basi-

---

[1]) ›Die zweite deutsche Nordpolarfahrt‹. Bd **2**, S. 471—496.
[2]) PAYER: ›Die österreichisch-ungarische Nordpol-Expedition in den Jahren 1872—1874‹, S. 267 (Wien 1876); ferner MARKHAM: ›The voyage of the ›Eira‹ and Mr. LEIGH SMITH's arctic discoveries in 1880‹ Proc. Geogr. Soc. London New. Ser. Bd **3**, S. 129 (1881).
[3]) Petermanns Mittheilungen **28**. 247 (1882).

sche Gesammtmagma allmählich an einer grossen Menge verschiedener Stellen, aber immer ganz lokal, *durch Differenzirung saure Theilmagmen abgeschieden hat.* Bei den Eruptionen, sei es dass sie präglacial oder postglacial waren, gelangten hauptsächlich die massenhaft verbreiteten Basaltmagmen zum Ausbruch, bisweilen waren es aber die sauren Ausscheidungen, die emporgepresst wurden.

Da die physikalischen Bedingungen, welche die Differenzirung des Gesammtmagmas verursachten, an allen Stellen doch wohl nicht dieselben waren, so wurden die an verschiedenen Orten — und gewissermaassen auch zu verschiedenen Zeiten — abgeschiedenen Theilmagmen ihrerseits nicht immer dieselben. Die Variationen brauchen ja keineswegs bei dieser Erklärungsweise immer so zu sein, dass bei demselben Kieselsäuregehalt auch die procentische Menge der übrigen Bestandtheile gleich ist. Doch lässt sich in diesem Falle eine gewisse Regelmässigkeit in der Art der Differenzirung erkennen: *es existirt nämlich offenbar eine Tendenz zur Abscheidung von kieselsäurereichen Alkalimagmen und nicht zu einer Abscheidung kieselsäurereicher Kalkmagmen.* Wir begegnen somit ausser den gewaltigen Massen von Basalten hauptsächlich nur liparitischen Gesteinen, während die sauren Andesite ganz fehlen und auch die basischen, soweit bisjetzt bekannt, selten sind. Ich möchte diesen Mangel der von Liparit im Basalt hinüberführenden Glieder als *eine zweite charakteristische Eigenthümlichkeit des isländischen Eruptivgebietes* bezeichnen.

Nachdem wir oben versucht haben auf Grund der bisherigen Erfahrungen ein Bild des isländischen Eruptivgebietes und besonders seiner Liparite zu skizziren, könnte es von Interesse sein zum Vergleich damit einige der anderen grösseren Eruptivgebiete, die Liparite geliefert haben, ebenfalls zu studiren, um zu sehen, ob dort die ursprünglichen Gesammtmagmen einen verschiedenen Charakter gehabt haben müssen und, in diesem Falle, in welcher Weise dies auf die Zusammensetzung der liparitischen Theilmagmen influirt hat.

Einem solchen Vergleich eine allgemeinere Ausdehnung zu geben ist die Zeit noch nicht gekommen, dazu ist in den meisten Fällen das vorliegende Material allzu knapp. Dies gilt besonders für die aussereuropäischen Eruptivgebiete, aber die nähere Prüfung des Materiales zeigt, dass auch die europäischen Gebiete in Bezug auf ihre Liparite viel weniger bekannt sind als man glauben könnte. Es lässt sich auch nicht jedes kleine Eruptivcentrum mit dem riesigen isländischen Gebiete vergleichen, ebensowenig wie man aus einzelnen Gesteinsanalysen aus etwas grösseren Gebieten Schlüsse zu ziehen berechtigt ist.

Aus diesen Gründen können hier nur zwei liparitführende Eruptivgebiete zum Vergleich hereingezogen werden, nämlich das als *The Great Basin* bekannte Gebiet im westlichen Nordamerika, sowie *das ungarische Gebiet*.

Das Gebiet des »Great Basin» nimmt den Raum zwischen der Sierra Nevada und Wahsatch Range ein, und ist also noch grösser als das isländische Gebiet im engeren Sinn. — Hier bieten die Verhältnisse betreffs der auftretenden Gesteine und ihrer relativen Mengen einen schroffen Gegensatz zu denjenigen, denen wir in Island begegneten. Massenergüsse von Lipariten, Daciten und vor Allem Andesiten, während die Basalte der Menge nach zurückbleiben, so sind die Verhältnisse hier zu charakterisiren. Es lässt uns dies auf eine ganz andere Zusammensetzung des ursprünglichen Gesammtmagmas schliessen, es muss viel saurer, viel ärmer an Kalk und Magnesia gewesen sein.

Die Gesteine dieses grossen Beckens sind verhältnissmässig gut studirt, theils dadurch, dass »The U. S. Geological Exploration of the 40:th Parallel» dies Gebiet durchquerte, theils weil einige der grössten Bergwerkdistrikte der Vereinigten Staaten sich dort finden. Das vorliegende Analysenmaterial, welches nach denselben Principen wie vorher das isländische ausgewählt worden ist, kann deshalb als hinlänglich repräsentativ betrachtet werden.

Analysen liparitischer Gesteine von »The Great Basin».

	1.	2.	3.	4.	5.	6.	7.
SiO_2	76.80	75.65	75.34	75.07	74.95	74.00	73.07
Al_2O_3	11.64	11.52	11.68	11.40	13.61	11.93	11.78
Fe_2O_3	1.11	2.37	1.46	2.01	0.54	2.40	2.30
MgO	—	—	—	0.11	—	—	0.39
CaO	0.43	0.76	0.49	0.61	2.02	1.56	2.02
K_2O	6.69	5.93	7.35	8.33	4.85	5.65	6.84
Na_2O	2.53	2.91	2.20	1.15	3.72	2.64	1.19
H_2O	0.77	1.03	0.97	1.74	0.64	1.24	2.24

	8.	9.	(10).	(11).	(12).	(13).
SiO_2	70.30	70.15	69.66	68.98	67.81	66.34
Al_2O_3	13.65	14.51	15.71	15.57	15.83	14.80
Fe_2O_3	5.79	2.69	2.68	3.58	3.79	4.07
MgO	0.40	0.27	1.27	0.93	1.36	0.92
CaO	1.92	1.12	3.25	3.65	3.66	2.99
K_2O	4.50	5.60	3.02	3.61	0.67	3.16
Na_2O	3.45	3.79	4.06	2.89	5.10	5.16
H_2O	0.56	1.38	0.45	1.52	1.55	2.31

1. Mopung Hills, West Humboldt Range (WOODWARD; U. S. Geol. Expl. of the 40:th Parallel I S. 652).
2. Hot Spring Hills, Pah-Ute Range (WOODWARD; l. c.).
3. Humboldt Sink Group, Montezuma Range (WOODWARD; l. c.)
4. Pine Nut Cañon (WOODWARD; l. c.).
5. Back of Montezuma Mines, Montezuma Range (WOODWARD; l. c.).
6. McKinneys Pass, Pah-Ute Range (WOODWARD; l. c.).
7. S.S.E. of McClellan Peak, Wachoe district, (GOOCH; Bull of the U. S. Geol. Survey n:o 17 S. 33).
8. Shoshone Falls, Idaho (MIXTER: Expl. 40:th Parallel I S. 604).
9. Harlequin Cañon, Montezuma Range (WOODWARD; l. c.).
(10). Lassens Peak, California (WOODWARD; l. c.).
(11). » » » »
(12). N. of Peoqoup Pass, Nevada (WOODWORD; l. c.).
(13). E. of Golconda, Havallah Range, Nevada (KORMANN; Expl. 40:th Parallel VI S. 118).

Der Kieselsäuregehalt der Liparite variirt viel weniger hier als bei den isländischen, indem er sich zwischen 77 und 70 Procent hält; geht er unter 70, so kommt man, wie die zum Vergleich mitaufgenommenen, den Lipariten nahestehenden Analysen 10—13 zeigen, mit einem Sprung hinüber in Gesteine, welche viel reicher an Magnesia und Kalk sind und auch ein anderes Verhältniss der Alkalien besitzen. Diese sind mehr als liparitähnliche Dacite zu bezeichnen.

Auffallend ist, dass alle diese 9 Analysen echter Liparite ein Vorwalten des Kalis über das Natron zeigen, also gerade umgekehrt wie bei der Mehrzahl der isländischen Gesteine. Sobald hier der Natrongehalt höher steigt, geht auch der Kalkgehalt so in die Höhe, dass die Gesteine in die Dacitreihe übergehen. Bei den isländischen Lipariten ist von einem Wachsen des Natrons mit dem Kalkgehalt gar nichts zu vermerken. Es ist dies vielleicht als der wesentlichste Unterschied in dem Charakter zwischen den Lipariten der beiden Gebiete zu bezeichnen.

Das ungarisch-siebenbürgen'sche Eruptivgebiet steht in seinem Charakter dem »Great Basin» nahe. Die Hauptgesteine sind hier Andesite und Dacite, erst in zweiter Linie kommen die Liparite, welche jedoch mehrerorts Massenergüsse geliefert haben. Die Basalte spielen hier eine noch untergeordnetere Rolle als in dem »Great Basin», obwohl lange nicht eine so unbedeutende wie die Liparite in Island. Man muss deshalb erwarten, dass die ungarischen Liparite sich den amerikanischen nähern, und das ist auch der Fall. Leider ist jedoch das vorliegende Material von Analysen hier weit unzuverlässiger als das grösstentheils aus neueren Analysen bestehende amerikanische. Als Resultat der Sonderung ergab sich nämlich in diesem Falle, dass nur 6 Analysen aufgenommen werden konnten, und bei einigen von diesen bekommt man den Eindruck, dass es mehr ein Zufall ist, dass sie die Bedingungen erfüllt haben. Ich möchte deshalb eine neue Untersuchung der ungarischen Liparite als sehr wünschenswerth bezeichnen.

Analysen ungarischer Liparite:

	1.	2.	3.	4.	5.	6.
SiO_2	76.69	69.04	67.19	66.91	66.30	65.36
Al_2O_3	13.51	17.09 [1])	13.58	14.13	15.63	15.62
Fe_2O_3	1.70	—	7.23	5.00	4.59	6.42
MgO	0.07	—	1.18	0.95	1.33	0.46
CaO	1.12	0.74	2.97	2.35	2.76	3.94
K_2O	3.04	9.74	5.52	5.40	4.91	6.07
Na_2O	4.70	2.34	1.17	3.86	3.12	1.42
H_2O	0.23	0.94	1.80	1.42	1.76	1.19

1. Tallya; Tokaj-Eperieser Stock (DÖLTER; Tschermaks Mitth. 1874 S. 216).
2. Vichnye; Schemnitz-Kremnitzer Stock (K. v. HAUER; Verh. d. k. k. Reichsanstalt 1868 S. 386).
3. Meregyo; Siebenbürgen, Vlegyassza-Stock (v. SOMMARUGA; ibid. 1866 S. 96).
4. Sebesvár; » » (K. v. HAUER ibid. 1867 S. 118).
5. Zw. Szekelyo u. Rogosel; Siebenbürgen, Vlegyassza-Stock (K. v. HAUER ibid. 1867 S. 118).
6. Sodjberg bei Bogdany; Gran-Börszönyer Stock (v. SOMMARUGA Jahrb. d. Reichsanst. 1866 S. 477).

Es gilt offenbar auch hier der Regel, dass Kali über Natron vorwaltet, indem nur die Analyse 1 davon eine Ausnahme macht. Eine Zunahme des Natrons mit steigendem Kalkgehalt lässt sich dagegen hier nicht nachweisen. Es dürfte indessen kaum räthlich sein allzu bestimmte Schlüsse daraus zu ziehen, da der Analysen nur wenige sind.

Obwohl das Material zu dieser Vergleichung dreier liparitführender Eruptivgebiete nur ein geringes war, so möchte ich es doch als ein vorläufiges Resultat hinstellen, dass der Charakter der in einem gewissen Eruptivgebiete auftretenden Gesteine einer bestimmten Familie sich mit der Natur und relativen Quantität der demselben Gebiete angehörigen anderen Gesteine ändert. Dass in den von mir hier behandelten Fällen der entschieden differente Charakter der Eruptivgebiete nicht in einem ursächlichen Zusammenhange mit der Verschiedenheit ihrer Liparite stehen sollte, scheint mir ausgeschlossen zu sein.

---
[1]) Thonerde und Eisenoxyd?

Vita.

Ich wurde am 6:ten October 1865 zu Örebro in Schweden von lutherischen Eltern geboren. Meinen ersten Unterricht erhielt ich auf den dortigen öffentlichen Schulen und empfing im Frühjahr 1884 das Zeugniss der Reife. Im Herbst desselben Jahres bezog ich die Universität Stockholm um mich dem Studium der Naturwissenschaften, besonders Geologie, Mineralogie, Chemie und Physik zu widmen. Im Herbst 1888 bezog ich die Universität Upsala zum Zweck chemischer Studien. Im Herbst 1889 kehrte ich nach der Universität Stockholm zurück um mich auf dem mineralogisch-geologischen Institute hauptsächlich mit wissenschaftlichen Arbeiten zu beschäftigen. Ostern 1891 besuchte ich die hiesige Universität um meine Studien in Mineralogie und Geologie fortzusetzen. — Meine Lehrer waren: in Stockholm BRÖGGER; O. PETTERSSON; K. ÅNGSTRÖM, RUBENSON; MITTAG-LEFFLER, KOWALEVSKI, BENDIXON, KOBB; LECHE; WILLE, KLERCKER; in Upsala CLEVE, ARRHENIUS; in Heidelberg ROSENBUSCH, OSANN.

Helge Bäckström.

Dinge — jene mochten wohl nicht gern bei den drohenden Verwicklungen Deutschland verlassen, — nach Florenz zurückgekehrt sei, die Hypothese, dass der florentinische Gesandte irgendwie durch den Herzog Leopold von Oesterreich, der auf jenem Tage anwesend war, die Hand bei der Aufnahme des Artikels über das Mailänder Bündnis gehabt haben wird[1]). Es war also keine florentinische Gesandtschaft in Frankfurt, wenn man nicht etwa annehmen will, dass neben Sacchetti noch ein anderer in Deutschland gegen Mailand zu wirken beauftragt gewesen sei.

Immerhin wird der Aufenthalt Sacchettis in Oesterreich ihm insofern nützlich gewesen sein, als er so erkennen konnte, auf welche Weise der Zwiespalt im Reiche und die Feindschaft gegen Wenzel, den Gönner Galeazzos, von Florenz benutzt werden müsse. Seine daraufgehenden Ratschläge werden die Florentiner nicht unberücksichtigt gelassen haben, ohne dass wir sagen können, ob sie ihm durch Schreiben an die rheinischen Kurfürsten oder durch Gesandte nachgekommen sind.

Denn wir sehen bei den Ereignissen in Deutschland die italienischen Angelegenheiten immer mehr in den Vordergrund treten. Im Herbste 1397 hatte sich endlich König Wenzel aus Böhmen nach Deutschland aufgemacht, und einen Reichstag nach Frankfurt berufen: am 23. Dezember erschienen vor ihm die rheinischen Kurfürsten, und überreichten ihm ihre Beschwerden[2]). Und es ist hierbei merkwürdig zu sehen, wie sie sich bemühten, deren Zahl zu vermehren. Daneben ist es von hohem Interesse festzustellen, auf wen etwa die einzelnen Punkte zurückzuführen sein mögen. Art. 1, zeigt schon wegen der Bezeichnung Benedicts XIII. als des Widerpapstes den aus-

---

[1]) Auch nach dieser Gesandtschaft scheinen zwischen den Herzogen von Oesterreich und Florenz engere Beziehungen fortgedauert zu haben. Denn als schon in Italien die Nachricht von der Wahl Ruprechts eingetroffen war, handelte es sich im florentinischen Rate darum, ob man nicht bei dieser Gelegenheit eine offizielle Gesandtschaft nach Oesterreich schicken sollte. Der Antrag scheint zwar abgelehnt zu sein, aber immerhin zeigt er, welche Hoffnungen die Florentiner auf die Herzöge setzten. Siehe Beilage. [2]) RTA III. nr. 9.

schliesslich römischen Standpunkt der Opposition. Deutlicher wird uns dies durch art. 2, dass Bonifaz IX. in einer „bullen" an die Fürsten des Reichs geschrieben habe, dass Karl VI. Genua in Besitz genommen, das doch „des riches statt" sei, und dass sich Florenz mit diesem Reichsfeinde verbunden habe: beides solle Wenzel abstellen. Vielleicht mag in diesem Schreiben auch eine Aufforderung zum Romzuge[1]) gestanden haben, wie sie der Papst schon öfters an Wenzel richtete; aber warum die Fürsten nicht auch diese Beschwerde verwendeten, ist unklar. Der ganze Artikel ist also ganz sichtlich gegen Frankreich und auch gegen Florenz zu Gunsten „ander des riches stett", womit dann wohl kaum eine andere Stadt als Mailand gemeint sein kann, gerichtet.

Wie gering das politische Verständnis der Kurfürsten für die Zustände in Italien zur Zeit noch war, zeigt der nun folgende Artikel (2ª). Noch eben hatten sie Wenzel aufgefordert, gegen Florenz Massnahmen zu ergreifen; nun soll er die Erhebung Mailands zum Herzogtum rückgängig machen, d. h. unter anderem auch für Florenz Partei ergreifen. Von sich aus haben die Kurfürsten dies nicht hinzugefügt, denn die Thatsache der Erhebung war doch schon auf dem Maitage ihnen bekannt, wo sie nur die Aufhebung des Bündnisses mit Mailand verlangten, was sie ja auch jetzt wiederholten. Es muss also irgend ein Feind Mailands hier eingewirkt haben, nach Lindner wäre dies „unbedenklich" Florenz.

Diese Einwirkung konnte schriftlich geschehen sein; aber es scheint dieses nicht sehr wahrscheinlich zu sein, da man in dieser Zeit auf keinen Fall in die Endabsichten der Kurfürsten eingeweiht war; an wen hätten dann die Florentiner ihr Schreiben richten, und mit welchen Anträgen bei einer noch ganz unsicheren Angelegenheit hervortreten sollen? Dagegen konnten ja, wenn auch wohl ohne offiziell aufzutreten, florentinische Agenten in Frankfurt anwesend gewesen sein, und mit den Kurfürsten verhandelt haben[2]). Aber wie sollten diese

---

[1]) Lindner l. c. p. 504.   [2]) Gino Capponi, Storia della republica di Firenze I., p. 406 verweist auf Giovanni Morelli für die Geschichte der „private diplomazia che faccano i mercanti fiorentini residenti in Alemagna" etc.

nicht den gegen sie und ihren Verbündeten, Frankreich, gerichteten Artikel 2 erkannt und zu verhindern gesucht haben? Zu dieser Frage gibt uns Artikel 4 einigen Aufschluss: „item unsers herren des königes fründe hatten Berne inne in Lamparten, do der von Meylant kriegt mit den von Bern; und gaben das dem von Meylant inne und namen gelt darumb, von der wegen Berne dem rich engangen ist": also auch Verona soll Wenzel wieder dem Reiche zubringen[1]). Wie wir zu Anfang der Abhandlung gesehen, hatte es Giovanni Galeazzo verstanden in gemeinsamen Kampfe mit Francesco von Padua gegen die della Scala in Verona, nicht nur Verona zu erwerben, sondern auch seinen Bundesgenossen um Vicenza zu bringen, eine Kränkung, die dieser wohl nicht leicht vergessen konnte.

Jetzt wird dieser Vorgang nach langen Jahren hervorgeholt, um einerseits gegen Wenzel verwendet zu werden, andrerseits aber auch den König aufzufordern, seinem engverbundenen Giovanni Galeazzo das unrechtmässig erworbene Reichsgut zu nehmen. Der Reichsvikar von Padua war entschieden der durch jenen Akt am meisten geschädigte; daher möchte ich eher die Aufnahme der Italien betreffenden Punkte dem von Padua zuschreiben[2]), als den Florentinern; ihm lag die genuesische Angelegenheit ferner; bedeutend aber wurde seine Stellung geschädigt durch die Erhebung Mailands zu einem Herzogtume, wodurch wieder die Lage der Republik Florenz politisch in nichts eine schlechtere wurde.

Besser sind wir über die Urheberschaft des Artikels 5 unterrichtet. Goro Dati erzählt[3]), dass die Florentiner a tutti i nobili baroni della Magna ein Schreiben geschickt hätten, in dem Wenzel beschuldigt wurde, dem Herzog von Mailand zum Schaden des Reiches Blanquets, sog. Membranen überlassen zu haben[4]). Ohne

---

[1]) Ueber die Beteiligung der Gesandten des Königs bei der Uebergabe von Verona s. Andrea Gataro, Murat. SS. rer. Ital. XVII., 616, D. ff. Lindner, l. c, Beilage XIII. ²) Cronica del Morelli. Anh. zu Malaspini Istoria fiorentina p. 309 hebt ausdrücklich die Mitwirkung des Reichsvikars von Padua hervor, „perché tenea amicizia nella Magna". ³)— l. c. p. 57. ⁴) Corio, l. c. p, 275 gibt das Privileg Wenzels an Galeazzo, in dem uns eine grosse Anzahl von Städten etc. aufgezählt wird, mit denen

auf die Frage, ob der Anklage Thatsachen zugrunde lagen oder nicht, einzugehen, muss das hervorgehoben werden, dass gerade dieser Punkt, dass die Florentiner allen Fürsten des Reichs diese Mitteilung machten, zu beweisen scheint, dass diese zwar von der Wenzel feindlichen Strömung im Allgemeinen Kenntnis hatten, aber betreffs der Gruppirung der Parteien noch nicht unterrichtet waren.

Das Resultat dieser Auseinandersetzung ist nun in Kürze folgendes: unverkennbar ist die Einwirkung des Papstes, weniger aus politischen, als aus kirchlichen Rücksichten; sodann erscheint als höchst wahrscheinlich die Agitation des Reichsvikars von Padua, während von den Umtrieben der Florentiner bis jetzt noch wenig zu verspüren ist.

Es ist begreiflich, dass die Ueberreichung der Beschwerdepunkte von seiten der Kurfürsten an König Wenzel allenthalben das grösste Aufsehen erregte. Auch Florenz wird jetzt erkannt haben, wo es mit seinen Bemühungen einzusetzen habe, um in Wenzel seinen eigenen Feind Galeazzo zu bekämpfen. Jene Vorgänge in Frankfurt wurden sicher in Italien bekannt, und verfehlten nicht, die grösste Aufmerksamkeit auf den Zustand in Deutschland zu erregen. Von jetzt an müssen wir die Anwesenheit florentinischer Gesandten in Deutschland annehmen, von denen fast alle zeitgenössischen italienischen Quellen sprechen[1]), ohne dass es uns jedoch möglich wäre, ihre sicher geheime Arbeit im Einzelnen zu verfolgen. Geld spielte hierbei wohl keine geringe Rolle, während es Florenz auch nicht versäumte, als der Plan einer Absetzung Wenzels immer mehr hervortrat, diese unzweifelhaft widerrechtlichen Bemühungen durch Gutachten zahlreicher Rechtsgelehrten zu unterstützen[2]).

---

der Herzog belehnt sei. Es mochte wohl ganz natürlich sein, den mit der Bevollmächtigung zur Belehnung ausgestatteten Gesandten des Königs ein Blanko mitzugeben, das dann an Ort und Stelle ausgefüllt wurde. Wie das zum Schaden des Reiches geschehen konnte, zeigt am besten, dass auch die Bischofs- und Reichsstadt Trient, als zu Mailand gehörig, genannt ist. Uebrigens kamen solche Blanquets im Mittelalter gar nicht selten vor.

[1]) Z. B. Gataro. l. c. coll. 839. B. C.   [2]) Goro Dati, l. c. „con bono consiglio di molti dottori delle leggi". Ein derartiges Gutachten geht

Den einzigen Anhaltspunkt für die Umtriebe der Florentiner in Deutschland müssen wir in den Vorgängen daselbst finden[1]), insofern dabei die Zustände Italiens eine Rolle spielen, insbesondere aber darauf unser Augenmerk richten, wie die Forderungen wegen Italiens eine wechselnde, aber stets konkretere Gestalt annehmen. Wir sehen nicht, dass Wenzel gemäss den Beschwerden diese, wenigstens so weit sie Italien betrafen, irgendwie abzustellen versucht hätte. Andrerseits erhob die fürstliche Opposition, trotz der mancherlei Erfolge, welche Wenzel durch sein Erscheinen im Reiche erzielt hatte, wieder ihr Haupt. Im April 1399 kamen die vier rheinischen Kurfürsten in Boppard zusammen: die Unterdrückung des Raubritterwesens, die Zoll- und Münzfrage[2]) dienten wohl nur als Vorwand für die Zusammenkunft. Den Kernpunkt bildeten sicher die geheimen Besprechungen der Kurfürsten, deren Ergebnis unter doppelten Siegelverschluss bewahrt wurde[3]). Es kann hier nicht darauf ankommen festzustellen, welche Fortschritte die Verschwörung gegen Wenzel durch diese Zusammenkunft gemacht; aber das ist von Wichtigkeit, dass sie sich verpflichten, keiner Schmälerung des Reiches, auch solcher, die vor dieser Zeit geschehen, ihre Zustimmung zu geben, „und sunderlingen die sachen van des van Meylayn umb daz land van Meylayn solen wir nyet bestedigen." Gerade dieser Abschnitt legt uns die Vermuthung nahe, dass diejenigen Staaten, welche am meisten durch die Erhebung Mailands zum Herzogtume geschädigt waren, Padua und Florenz, der Möglichkeit, dass die Kurfürsten späterhin auf Ansuchen Wenzels oder Galeazzos ihre Zustimmung zu diesem Akte geben möchten, entgegenzuarbeiten verstanden. Und wenn es in der Urkunde

---

unter dem Namen des berühmten Rechtslehrers Franciscus de Zabarellis, d. Mitt. d. Österr. Inst. f. Gesch.-Forsch. IX. p. 631 ff. Jedoch möchte ich, auf Grund der Notiz bei Dati, nicht den Papst, wie in d. Mitt., sondern Florenz als Auftraggeber annehmen.

[1]) Es erscheint mir nicht unmöglich, dass man in dem Stadtarchiv von Florenz aus Rechnungsaufstellungen noch manches finden könnte, was uns die Agitation in Deutschland besser verfolgen liesse. [2]) RTA. III. nr. 42—45. [3]) RTA. III. nr. 41.

heisst, dass auch die anderen Erwerbungen Mailands „vur datum diss brives" (April 1399), d. h. insbesondere die Besitznahme von Pisa und Siena, nicht bestätigt werden sollen, so möchte ich diesen Abschnitt in höherem Grade der Einwirkung der florentinischen Gesandten, als derjenigen Paduas zuschreiben. Die rheinischen Kurfürsten hatten durch diesen Schritt eine Verpflichtung übernommen, die ihre italienische Politik in Zukunft band; ob sie hiefür von Florenz Geld empfingen, wie manche der Quellen berichten, lässt sich nicht beweisen, erscheint aber als höchst wahrscheinlich.

Die italienischen Angelegenheiten treten jetzt vor denen des Reichs in den Hintergrund. Die Absetzung Wenzels war jetzt schon eine fest beschlossene Sache; aber es galt vor allem, zu diesem aussergewöhnlichen Schritte den römischen Papst Bonifaz IX. zu gewinnen. Von Anfang an hatten die Kurfürsten stets für den römischen Papst Stellung genommen, während andererseits Wenzel einer Neutralitäts-Erklärung zwischen beiden Päpsten, wozu man in Frankreich geschritten war, nicht abgeneigt war. Sein kirchliches Interesse hätte Bonifaz ohne zu zögern die Partei der Opposition ergreifen lassen müssen; allein was dann, wenn deren Versuch misslingen sollte? Hätte er nicht dann die Obödienz Wenzels verlieren und sich die Gegnerschaft des schon nahe an den römischen Kirchenbesitz vorgedrungenen Galeazzos zuziehen müssen? Man mag über die Ehrlichkeit in der Politik denken, wie man will; in diesem Falle konnte der Papst nicht anders handeln, als den Gang der Ereignisse abwarten, um darnach seine Entscheidung zu treffen. Demgemäss fiel auch die Antwort des Papstes auf ein Schreiben der Kurfürsten[1], das ihn, unter Androhung einer Neutralität in Sachen des Schismas im Weigerungsfalle, für ihre Pläne gegen Wenzel zu gewinnen suchte, völlig nichtssagend aus[2]: er könne sich nicht so schnell in einer so schwierigen Frage entscheiden. Einen solchen Bescheid hatten die Kurfürsten wohl kaum erwartet: thatsächlich war es wohl eine Absage des Papstes bei ihrem Vorhaben. Der Eindruck dieses Briefes hatte

---

[1] RTA. III. nr. 114.   [2] RTA. III. nr. 115.

sicher auch, neben anderen Gründen, wie dass man sich über die Person des zu Wählenden nicht einigen könnte[1]), dazu mitgewirkt, dass man auf dem Tage zu Frankfurt im Mai und Juni nicht zu einem endgiltigen Beschlusse kam. Allein man hatte damit noch nicht die Absicht, die Sache ganz fallen zu lassen, — denn man hatte sich schon zu weit auf sie eingelassen —; sondern die Kurfürsten schrieben einen neuen Tag nach Oberlahnstein aus[2]), fest entschlossen, ihre Absicht dann, umbekümmert um die Haltung des Papstes, durchzuführen.

So kamen die Kurfürsten am 11. August 1400 zu Oberlahnstein zusammen. Für unsere Frage interessirt uns nur ein Punkt der sogenannten Wahlkapitulation Ruprechts III. von der Pfalz[3]); sollte Ruprecht „von gotz versehen" (!) zum König gewählt werden, so will er die Erhebung Galeazzos zu einem Herzoge und zum Grafen von Pavia widerrufen, „ane geverde" mit aller Macht die Lande in der Lombardei und den wälschen Landen nach dem Rathe der Mitkurfürsten wieder an das Reich bringen, und bei demselben halten, und die Kosten hierzu aus jenem Lande selbst nehmen".

Die Lage der Kurfürsten hatte sich in Bezug auf Italien durchaus nicht verändert gegen früher; und doch zeigen sich fortwährende Veränderungen in ihren Beschlüssen über Italien, die immer mehr auf eine feindlichere Stellungnahme gegen Mailand auslaufen; und da den Nutzen hiervon allein die antimailändische Liga, mit Florenz und Padua an der Spitze, davonträgt, so werden wir nicht fehlgehen, wenn wir jenen Artikel ihrer Einwirkung zu Folge entstehen lassen, ohne zu entscheiden, ob Florenz oder Padua das meiste dazu beigetragen. Ohne Zweifel war dies ein bedeutender Erfolg der italienischen Politik; konnte Ruprecht seine Wahl durchsetzen, so war ein Krieg dieses mit Mailand gewiss.

Selbstverständlich nahm diese Mailänder Frage auch in den Anklagepunkten gegen Wenzel[4]), welche vor der Erklärung seiner Absetzung verlesen wurden, einen wichtigen Platz ein,

---

[1]) RTA. III. nr. 231.   [2]) Einladungsschreiben s. RTA. III. nr. 146 ff.
[3]) RTA. III. nr. 200.   [4]) RTA. III. nr. 204.

wobei ein Vergleich der auf Italien bezüglichen Beschwerden vom Jahre 1397¹) mit den jetzigen von besonderem Interesse ist. Es war uns damals aufgefallen, mit welch' geringem Verständnis die Kurfürsten den Zuständen Italiens gegenüber standen. Jetzt merkt man hiervon nichts mehr; vor allem ist die von Bonifaz IX. angeregte Forderung wegen Genuas, welche, wie wir gesehen, sowohl gegen Frankreich, wie gegen Florenz gerichtet war, jetzt fortgefallen. Es ist dies einmal der Einwirkung florentinischer Gesandten zu verdanken; dann aber mochte sich Ruprecht nicht gleich von Anfang an in Gegensatz zu Frankreich setzen.

Aber auch mit dem Artikel über Mailand geht eine merkwürdige Veränderung vor: man war wohl zur Erkenntnis gekommen, dass dem König Wenzel das Recht, Mailand zu einem Herzogtume zu machen, nicht abgesprochen werden könne, wenn es auch der Gewohnheit widersprach; aber das rechnete sie ihm als schweres Vergehen an, dass er für jene Belehnung, durch welche die Einkünfte des Reichs entschieden geschmälert wurden, Geld genommen, sich habe bestechen lassen.

Von Verona ist jetzt nicht mehr die Rede. Es ist möglich, dass die Kurfürsten die Haltlosigkeit dieser Anschuldigung einsahen; man kann aber auch annehmen, dass sie hiermit dem Reichsvikar von Padua entgegenkamen, dessen Absichten entschieden zum wenigsten auf einen Teil des Vikariats von Verona gingen; wie hätten sie sich verpflichten mögen, eben dieses Gebiet wieder dem Reiche zuzuführen, auf welches ein Verbündeter von ihnen Anspruch machte?

Hiezu kam dann noch die schon oben besprochene Angelegenheit wegen der Membranen.

Auf Grund dieser, und anderer das Reich betreffenden Anklagen sprach Kurfürst Johann von Mainz „in gerichtes stad" „in namen und wegen" der Mitkurfürsten die Absetzung Wenzels „als einen unnützen, versäumlichen, unachtbaren engleder und unwirdigen hauthaber" des Reiches aus. Wie schon diese

---

¹) s. o. p. 7 ff. u. RTA. III. nr. 9.

Schlussformel bezeugt, war die auswärtige Politik nicht der geringste Grund zur Absetzung. Das Gegenstück hierzu bildete natürlich die am nächsten Tag, dem 21. August 1400, stattfindende Wahl Ruprechts. Seine Verpflichtungen, die er vor derselben eingehen musste, haben wir schon oben besprochen. Erscheint es dann nicht geradezu, als Hohn, wenn die Wähler vor der Wahlhandlung schwören, dass sie ihre „stimme und kore ane alle globde, gelt, miede, oder wie man das genennen mocht, als mir got helfe und alle heiligen etc."[1]) geben wollten, und wenn Ruprecht nach derselben an Bonifaz IX. schreibt „nescio quo dei iudicio sors eleccionis super me cecidit"[2]), besonders wenn man bedenkt, dass Ruprecht ausdrücklich vor dem Akte seine Stimme seinen Mitkurfürsen übertragen hatte[3]), weil er sich doch nicht selbst wählen mochte?

So hatte die Welt das merkwürdige Schauspiel, sowohl um die höchste geistliche, wie weltliche Macht zwei Bewerber streiten zu sehen. Für König Ruprecht, dessen persönliche treffliche Eigenschaften allseitig von seinen Zeitgenossen anerkannt wurden, kam es hauptsächlich darauf an, seine zum mindesten zweifelhaft rechtliche Erhebung durch glänzende Erfolge zu rechtfertigen. Und dazu sollte denn ein Zug nach Italien helfen, dessen Ausführung der Gegenstand meiner Abhandlung sein soll.

Hierbei ist es besonders angenehm, dass in Bezug auf die Vorbereitung des Zuges ein sehr reichliches Urkundenmaterial, und ein vorzüglicher Berichterstatter in der Person des florentinischen Gesandten Buonaccorso Pitti uns über alles wesentliche unterrichtet, so dass wir nur selten zu Hypothesen zu greifen haben.

---
[1]) RTA. III. p. 267; 5, 6. [2]) RTA. III. p. 282; 16. [3]) RTA. III. p. 267; 45.

II. Vorbereitung des Zuges.

König Ruprecht war von Anfang seiner Regierung an durch das vor der Wahl abgegebene Versprechen zu einem Zuge nach Italien verpflichtet, weniger um nach Rom zu ziehen und sich die Kaiserkrone zu holen, obwohl dieses als der Endzweck des ganzen Unternehmens aufgefasst wurde, vielmehr um in Oberitalien die Uebermacht Mailands zu brechen. Dies stand natürlich für die italienischen Agenten, von deren Wirksamkeit in Deutschland in dem einleitenden Abschnitte die Rede war, im Vordergrund; ob Ruprecht Kaiser würde, oder nicht, mochte ihnen mehr oder minder gleichgiltig sein. Wie sehr dieses den Florentinern die Hauptsache war, zeigt am besten die Motivirung der ersten Gesandschaften an Ruprecht: 14. Dezember 1400, in Alemanniam aliquis mittatur pro sciendo processum rerum et saltem capitaneum mittant, und am 3. Januar: Item quod mittatur aliquis — ad investigandum de factis novi imperatoris etc.[1]). Ihre eigene Lage verlangte eine auswärtige Hilfe, und diese sollte ihnen ein Zug des deutschen Königs über die Alpen bringen.

Selbstverständlich konnte der Romzug nicht gleich nach der Wahl unternommen werden. Für Ruprecht kam es einstweilen darauf an, den Kreis derjenigen, welche ihn als den rechtmässigen König anerkannten, deren Zahl im übrigen am Anfange eine recht geringe war, zu erweitern, im Auslande Anerkennung und Bündnis zu gewinnen, und dann Wenzel durch Waffengewalt zur Aufgabe seiner Ansprüche auf die deutsche Königswürde zu bestimmen. Sehr wichtig musste es für Ruprecht

---

[1]) Consulte e pratiche. gedr. als Beilage.

sein, welche Stellung Bonifaz IX. zur Thronveränderung einnehmen würde, und dass man von ihm die Approbation erlange[1]). Auf alle diese Verhandlungen kann hier nicht eingegangen werden; ich muss mich eben beschränken, auf die zusammenfassende Darstellung bei Höfler „Ruprecht von der Pfalz". (Freib. 1861) zu verweisen, wozu man das entsprechende Aktenmaterial in den Reichstagsakten Band IV und V findet. Dagegen müssen die Beziehungen Ruprechts zu den italienischen Staaten und Städten von vornherein näher ins Auge gefasst werden. Dieselben werden eröffnet durch Schreiben der Kurfürsten[2]), welche uns zwar verloren gegangen sind, aber wohl kaum mehr enthielten, als einen kurzen Bericht über die Absetzung Wenzels und die Wahl Ruprechts, und eine entsprechende Aufforderung zur Anerkennung. Von einem bevorstehenden Romzuge war in diesen Briefen wohl kaum gesprochen, wie man aus den Antworten der italienischen Städte ersehen kann. Diese sind uns deshalb von besonderer Wichtigkeit, als sie uns sofort die Parteistellung der Städte zur Thronumwälzung zeigen, die sich ganz nach dem Verhältnis zu Mailand richtet. Trotzdem eine Einwerkung florentinischer Unterhändler in Deutschland unverkennbar ist, möchte es nicht da auffallen, dass der Rat von Florenz eine auffallende Unsicherheit über die Stellung, die er gegen die Thronumwälzung einnehmen musste, noch am 10. Nov. zeigt[3])? Bestätigt dies nicht unsere schon oben ausgesprochene Vermutung, dass nicht offizielle Gesandten, sondern eigene Politik treibende Kaufleute von Florenz die gegen Wenzel gerichtete Politik im geheimen unterstützten? Der Nutzen aber, den Florenz aus der Neuwahl ziehen konnte, war zu augenscheinlich, als dass es längere Zeit unentschieden bleiben konnte. Unbedingt stellte es sich auf die Seite Ruprechts[4]) und mit ihm Lucca[5]), Cortona[6]), die Grafen von Montedoglio[7]) und Padua, das heisst also die antimailändische

---

[1]) Weizsaecker, in d. Abh. d. Berl. Akad. hist.-philol. Abt. 1888. RTA. IV. nr. 1—123, nebst den einleitenden Bemerkungen.   [2] RTA. IV. p. 227; 25. 228; 19. 229; 10.   [3]) s. Beilage.   [4]) RTA. IV. nr. 196 (30. November).   [5]) RTA. IV. nr. 199.   [6]) RTA. IV. nr. 197.   [7]) RTA. IV. nr. 198.

Liga, die kurz zuvor, am 21. März 1400 durch Vermittlung Venedigs Frieden mit Mailand geschlossen hatte[1]). Markgraf Nicolaus von Ferrara, der, wie Venedig, an das er sich stets hielt, bei allen Kämpfen in Oberitalien eine möglichst neutrale Stellung einzunehmen sich bemühte, gab eine ausweichende Antwort[2]), während Franz von Gonzaga, Reichsvikar des so wichtigen Mantua, wie er auch bei dem letzten Kampf der Liga gegen Mailand auf der Seite des letzteren gestanden hatte, entschieden das Vorgehen der Kurfürsten verurteilte, und erklärte, unverbrüchlich an König Wenzel, als seinem rechtsmässigen Herrn, also auch an Galeazzo, festhalten zu wollen[3]). Dagegen war an Venedig nicht zu dieser Zeit geschrieben worden, da es nicht als zum Reiche gehörig betrachtet wurde. Denn dass dieses nicht geschehen, beweist eine Notiz in einem Briefe Ruprechts an diese Stadt vom 23. November[4]), in dem er den Bericht über die Ereignisse in Deutschland mit dem Ausdrucke beginnt, „prout ad vestram intelligenciam alias potuit esse deductum[5]), und dann um „amicitia" bittet. Dass er wohl kaum mehr erwarten konnte, werden ihm die italienischen Unterhändler klar gemacht haben; sie kannten aus langjähriger Erfahrung die Politik dieses Inselstaates, sich bei Streitigkeiten weder nach der einen, noch nach der anderen Seite zu verpflichten, um aus der Schwächung beider Parteien Nutzen zu ziehen.

Von ganz hervorragender Bedeutung war natürlich auch die Stellungnahme des römischen Papstes. Alsbald nach der Wahl traten die Kurfürsten[6]) und Ruprecht[7]) mit Bonifaz in Verkehr, wobei sie eine demnächst an ihn abgehende Gesandtschaft ankündigten. Bisher hatte Bonifaz, wie wir oben gesehen, auf den Versuch, ihn für ihren Plan gegen Wenzel zu gewinnen, eine ausweichende Antwort gegeben. Jetzt mochte man hoffen, dass er aus seiner reservierten Stellung heraustreten würde, um Ruprecht, dessen Parteinahme für Bonifaz ja über allen Zweifel erhaben war, unter Hinnahme der geschehenen Thatsache, zu

---

[1]) RTA. IV. p. 306 nt. 4.   [2]) RTA. IV. nr. 194.   [3]) RTA. IV. nr. 193.   [4]) RTA. IV. nr. 185.   [5]) RTA. IV. p. 216; 14, 15.   [6]) RTA. IV. nr. 219.   [7]) RTA. IV. nr. 222.

approbieren. Um so unangenehmer war es für Ruprecht, dass Bonifaz an Wenzel am 24. August, als er doch kaum mehr über die Endabsichten der Opposition im Zweifel sein konnte, ein Schreiben gerichtet hatte, in welchem er diesem seine unerschütterliche Treue und Anhänglichkeit versicherte[1]), was dann Wenzel nicht versäumte in Deutschland bekannt werden zu lassen. Nur schlecht verstand Ruprecht seine Missstimmung über die Haltung des Papstes zu verbergen: nicht weniger wie viermal betonte er in dem nächsten Briefe[2]) die Rechtmässigkeit seiner Wahl, und sicher nicht ohne Absicht geschah es, dass Ruprecht die Absendung einer Gesandtschaft erst nach der Königskrönung ankündigte. Dass letzteres aber trotzdem vor der Krönung erfolgte, daran war allein die feindselige Haltung Aachens schuld, welche eine Hinausschiebung des Termines nötig machte. Allzu lange mochte man doch nicht die Eröffnung der Verhandlungen mit der Kurie verzögern. Vom 14. Dezember ist die Vollmacht für Konrad v. Verden, Joffrid v. Leiningen und Hermann Rode als Gesandte nach Rom ausgestellt[3]), und wohl auch bald darauf traten sie ihre Reise an.

Etwa um die Mitte des Dezembers 1400 schickte nun auch Bonifaz einen Gesandten nach Deutschland „de andare a exponere inbasciata da sua parte alluno imperadore e allaltro"[4]). Er mochte erkannt haben, dass er auf seinem einseitigen Standpunkt zu Gunsten Wenzels, wenn er nicht einen Teil seiner Obödienz verlieren wollte, nicht beharren dürfe, sondern unbedingt einlenken müsse, um sich auf die Seite zu stellen, die ihm das meiste bieten konnte. Leider wissen wir nichts Näheres über diese Gesandtschaft; für uns tritt sie ganz zurück hinter die spätere Montecatinos[5]), welcher die päpstliche Antwort auf die Forderungen Konrads von Verden bringen sollte, und zwar den Entwurf der Approbations-Urkunde, und, was noch das wichtigere war, die Aufforderung zu unversäumten Zuge über die Alpen. Gerade dies zeigt, dass auch noch andere

---

[1]) RTA. III. nr. 185. [2]) RTA. III. nr. 223. — p. 282; 36. „rite", —; 37 „uti est iuris et approbate consuetudinis" p. 283; 8 und 9 „ut imoris est". [3]) RTA. IV. nr. 1. [4]) RTA. IV. p. 2; 7ff. [5]) Das päpstliche Gebiet datiert vom 25. März 1401. RTA. IV. nr. 4.

Gründe den Papst bestimmt haben, sich Ruprecht zu nähern; auch er war durch das Umsichgreifen Galeazzos in Toscana in seinem Besitzstande sehr gefährdet. Vergeblich hatte er Wenzel zu einem Zuge nach Italien zu bewegen gesucht, so dass auch für die Zukunft nicht zu erwarten war, dass sich das enge Verhältnis Wenzels zu Galeazzo ändern würde. Jetzt war Ruprecht, dessen Mailand feindliche Haltung der Kurie nicht verborgen sein mochte, gewählt; man konnte von ihm einen Versuch des Kampfes mit Mailand hoffen: darum lenkte Bonifaz ein. Daneben kann auch der Gedanke obgewaltet haben, sich durch eine Kaiserkrönung in Rom vor dem Gegenpapste in Avignon das unbedingte Vorrecht vor aller Welt zu verschaffen; von hoher Bedeutung war jedoch dieser Gesichtspunkt nicht; denn wie könnte man sonst die lange Zögerung des Papstes mit der Approbation verstehen?

Für ihn war eben der Zug Ruprechts nach Italien, insofern er einen Kampf mit Mailand zu Folge haben musste, die Hauptsache. Darum beauftragte er Montecatino, auf das Genaueste sich über den Termin des Aufbruchs, über die Truppenstärke und den einzuschlagenden Weg zu erkundigen. Dies gibt uns die Ueberzeugung, dass schon Konrad von Verden bei seinen Bemühungen, den Papst für Ruprecht zu gewinnen, mehr oder minder bestimmte Andeutungen über die Absichten des Königs gemacht, dass man also schon im Dezember 1400 einen Zug über die Alpen, als in nicht allzugrosser Ferne stehend, ins Auge gefasst hatte. Mitwirkend mag bei diesem Plane, neben den zum Teil so überaus freudigen italienischen Antwortbriefen, das Eintreffen eines Gesandten des Reichsvikars von Padua[1]) gewesen sein, der es sicher nicht an den nötigen Worten über die glänzenden Aussichten des Unternehmens fehlen liess. Wir werden noch öfters die Gelegenheit haben zu sehen, wie sehr von Anfang an Franz von Padua an der Spitze der gegen Mailand gerichteten Bemühungen stand, so dass auch schon dieser Grund uns die Berechtigung gibt, bei den italienischen

---

¹) RTA. IV. p. 229; 16, 17, abgeschickt nach 11. November, Ankunft in Deutschland Anfang des Dezembers.

Umtrieben vor der Absetzung Wenzels nicht sowohl an Florenz, als vielmehr an Padua zu denken. Denn wie könnte man es sonst verstehen, dass Ruprecht seinem Gesandten Albrecht von Thannheim, den er nach Italien schickte[1]), um dort in Reichsangelegenheiten zu wirken, den Auftrag gab, mit den nicht dem Reiche zugehörigen Städten (wie Venedig) nur „nach dez herren von Padaw rate und underwisunge"[2]) zu verhandeln? Das zeugt entschieden von einem hohen Vertrauen, das Ruprecht auf Franz setzte. Und wir sehen nicht, dass jener jemals darin getäuscht worden wäre: während des ganzen Zuges stand Franz ihm stets mit Rath und That zur Seite, und bietet uns so ein angenehmes Gegenstück zur egoistischen, kleinlichen Politik der Florentiner. An diesen also sollte sich Albrecht wenden: noch nicht war von einem Romzuge in dessen Instruktion die Rede, obwohl natürlich die Gesandtschaft nur eine Vorbereitung des Zuges bezweckte, um die eine oder die andere Stadt von dem Bündnisse mit Mailand abzuziehen und sie für die Partei Ruprechts zu gewinnen. Die italienischen Fürsten und Kommunen sollten zu einem Tage in Deutschland Gesandte schicken, um mit Ruprecht zu berathen, „wie man unsers herren des koniges und des heilgen richs sachen forther handel und bestelle zu dem besten und nutzlichsten"[3]). Zur Unterstützung dieser Werbung gab Ruprecht seinem Gesandten eine Aufzeichnung der Fürsten, Herren und Städte, welche ihn als König anerkannten[4]): indess ist uns diese nicht erhalten[5]).

---
[1]) RTA. IV. nr. 188 (Ende Dezember 1400 bis Anfang Januar 1401).
[2]) RTA. IV. p. 219; $_{24}$, u. $_{30, 31}$. [3]) RTA. IV. p. 220; $_{1, 2}$. [4]) —. p. 219; $_6$. [5]) Anders: Weizsaecker, RTA. IV. nr. 189; dieser druckt an dieser Stelle eine äusserst umfangreiche Aufzählung ab, die aber von den Thatsachen in vielen Punkten abweicht: so sind z. B. zahlreiche Städte Schwabens als ihm unterthan bezeichnet, was im Dezember 1400 noch gar nicht der Fall war, und bei dem regen Handelsverkehr zwischen Italien und Deutschland sicher den italienischen Städten als Unwahrheit nicht unbekannt geblieben wäre. Sodann: dise nachgeschriben sint an unserme herre dem künige und ime gehorsam . . ., wird der Abschnitt eingeleitet. Wer ist unter diesem „ime" zu verstehen? es kann dies nur das kirchliche Oberhaupt, der römische Papst, sein. Darnach ist etwa das Stück auf Anfang August 1401 zu datieren, als Beilage zur Instruktion des nach Rom bestimmten Protonotars Albrecht, vgl. RTA. IV. nr. 11, art. 12.

Deutlicher tritt dann die Romzugsangelegenheit bei den Verhandlungen mit den Herzögen von Oesterreich, besonders mit Herzog Leopold IV., in den Vordergrund[1]). Denn darauf kam es vor allem an, sie, die die beste Alpenstrasse nach Italien, den Brennerpass, beherrschten, zu gewinnen, wenn nicht überhaupt der ganze Zug in Frage gestellt werden sollte. Dass jene, bewusst ihrer entscheidenden Stellung, diese auszunutzen versuchen würden, daran war nicht zu zweifeln. Deshalb wurden mit ihnen zuerst die Verhandlungen, welche immer im Hinblick auf den geplanten Zug nach Italien geführt wurden, eröffnet, bei denen jedoch nur die Italien betreffenden Punkte hervorgehoben werden sollen. Unzweifelhaft waren die beiden Urkunden[2]), mit welchen die Unterhandlungen beginnen, schon auf dem Krönungstage zu Köln (7. Januar 1401) Gegenstand der Berathung des Königs mit den Kurfürsten, deren Ergebnis die Instruktion für den auf den 30. Januar mit den österreichischen Herzögen verabredeten Tag zu S. Veit war. Hierbei ist es von ganz besonderem Interesse zu sehen, wie sich Ruprecht zu den österreichischen Forderungen auf das Erbe von Mailand, im speziellen auf Verona und Padua[3]) sich stellte. Darauf konnte er auf keinen Fall eingehen, da er sonst seinen treuesten Anhänger Franz von Padua beeinträchtigt hätte; aber es ist charakteristisch, dass nicht dies als Grund angegeben wird, wodurch die Interessenverschiedenheit beider noch mehr hervorgetreten wäre, während er sie doch beide notwendig brauchte, sondern dass dazu allgemeine Redensarten, wie dass er doch „Mehrer des Reiches" sein wolle, herhalten müssen, die ablehnende Antwort zu motivieren. Auch wird man kaum fehlgehen anzunehmen, dass unzweifelhaft schon bei Ruprecht eingetroffene Gesandte der Florentiner[4]) ihn auf das Gefährliche einer Einwilligung auf die Forderung der Oesterreicher aufmerksam gemacht haben, andrerseits aber ihr Möglichstes thaten, den Beschluss nach Italien zu ziehen, zustande zu bringen. Dagegen konnte Ruprecht

---

[1]) Hierüber: Donnemiller „der Römerzug Ruprechts von der Pfalz" (besonders seine Beziehungen zu Herzog Leopold). Rudolfswert. Progr. 1881. [2]) RTA, IV. nr. 216—217. (Koblenz, 12. Januar 1401). [3]) RTA. IV. nr. 217. art. 6. [4]) s. u. p. 23.

den Herzögen ganz gut Versprechungen auf nicht zum Reiche gehörige mailändische Besitzungen, oder auch auf sonst ein paar Schlösser machen. Für diese und einige andere Leistungen verlangt der König Offenhaltung der Strassen und Pässe nach Italien und Hilfe gegen Mailand.

Anfang Januar also war ein Zug über die Alpen zum Kampfe gegen Mailand eine beschlossene Sache; noch fehlt aber jegliche Angabe über den Zeitpunkt desselben. Dass er möglichst rasch zustande käme, war die Hauptaufgabe der italienischen Gegner Mailands. Ihnen konnte jeder Verzug neue Gefahr, das Erscheinen Ruprechts in Italien bei einem günstigen Verlaufe Rettung bringen, bei einem ungünstigen aber ihre Lage nicht verschlimmern. Wie viele Verbannte Mailands mochten sich mit der Hoffnung getragen haben, jetzt wieder ihrem Besitz und ihrer Heimat zurückgeführt zu werden, Gedanken, wie sie von einem Andreas de Marinis von Cremona[1]), oder Petrus de Gualfredinis von Verona[2]) in prunkvollen, leidenschaftlichen Schreiben an Ruprecht übermittelt wurden.

Neben Franz von Padua trat in dieser Zeit auch Florenz in offene Beziehungen zu Ruprecht, und nahm bald die erste Stelle unter den italienischen Parteigängern ein[3]). Wie schon vorher Franz, hatte auch Florenz Mitte Dezember eine Gesandtschaft nach Deutschland zu schicken beschlossen, ohne dass wir dieser einen grösseren Wert beizulegen haben. Wichtiger ist die Beratung vom 3. Januar 1401: der abzuschickende Gesandte erhält den Auftrag, sich genau über die Pläne des neuen Königs, besonders bezüglich des Romzuges, zu informiren. Und schon sprach man es aus, dass der Romzug, wenn er zustande käme, den Florentinern Nutzen, Mailand aber Verderben bringen müsse. Und da man bei den kommenden Wirren in Italien gerüstet sein müsse, sollen die Festungen und Burgen in Verteidigungszustand gesetzt, mit König Ladislaus von Neapel aber Verhandlungen wegen einer Liga angeknüpft werden. Entscheidend für den diplomatischen Verkehr der Florentiner war der Aufenthalt des Bischofs Konrad von Verden, der nach Rom als Gesandter

---

[1]) RTA. IV. nr. 260.   [2]) RTA. IV. nr. 259.   [3]) Für das Folgende s. Beilage.

bestimmt war, in Florenz, vom 30. Januar¹), bis mindestens zum 8. Februar 1401²). Denn jetzt tritt zum ersten Male der Gedanke auf, dass Florenz zur Erfüllung seines Wunsches an den König eine gewisse Geldsumme auszahlen, und die Bemühungen seiner Gesandten durch eigene unterstützen müsse, vor allem um den Papst zur Approbation zu bewegen. Ausser nach Rom, beschlossen die Florentiner auch nach Deutschland Gesandte zu schicken, um mit dem Könige über die Bedingungen zu unterhandeln, unter welchen er geneigt wäre, ihren Wünschen nachzukommen. Und zu dieser Gesandtschaft nach Deutschland wurde Buonaccorso Pitti, der sich schon durch einen mehrfachen Aufenthalt in Deutschland empfahl³), gewählt, und ihm Ser Piero da Sanminiato beigegeben⁴), ohne dass dieser von irgend welcher Bedeutung gewesen zu sein scheint.

Neben den beiden Gesandtschaften nach Rom und an Ruprecht wurde auf Ansuchen Konrads ein weiterer Gesandte nach Oberitalien bevollmächtigt, um die Bemühungen Albrechts von Thanheim, den Kreis der Anhänger Ruprechts zu erweitern, auch seinerseits zu unterstützen⁵). Daneben beherrschte die florentinische Politik der Gedanke, wenn möglich, die alte Liga gegen Mailand wieder ins Leben zu rufen. Letzteres gelang aber nicht. Die Gesandten wurden wohl freundlich aufgenommen, ohne aber in der entscheidenden Frage Erfolg zu haben. Bologna, Ferrara und Venedig waren nicht geneigt, ihre bisher beobachtete Neutralität aufzugeben, während natürlich Franz von Padua ebenso sehr die Partei Ruprechts, wie Franz Gonzaga von Mantua diejenige Mailands begünstigte. Bisher war es also noch nicht möglich gewesen, in der politischen Lage eine Aenderung zu schaffen. Zwei feindliche Lager standen sich schroff gegenüber, stets bereit, bei Venedig über Friedensverletzung des Gegners Beschwerde zu führen, um dieses auf diesem Wege mit der Gegenpartei zu verfeinden. Je nach den Umständen antwortete der venezianische Rat unter Hinweis auf völlige Unkenntnis

---

¹) Minerbetti, cronicon in Script. rer. Ital. ed. Tartinius. II. c. 430ff. Sozomenus bei Muratori, SS. rer. Ital. XVI. c. 1171.   ²) Beil. 8. Februar.
³) Scip. Ammirato. l. c. p. 93.   ⁴) RTA. IV. nr. 258.   ⁵) RTA. IV nr. 263.

mit den beklagten Vorgängen¹), oder liess gelegentlich einmal eine leise Verwarnung erteilen²): offen spielte er sich immer noch als Hüter des Friedens auf, während er es im Geheimen wohl geschehen liess, dass in Venedig Aktionen vorgenommen wurden, welche eine auch ihm erwünschte Schwächung Mailands zum Ziele hatten.

Nimmt man hinzu, dass auch in Rom alle Verhandlungen der Gesandten Ruprechts trotz der sicher höchst thätigen Unterstützung der Florentiner in der Hauptfrage, nämlich in der unverzüglichen Approbation des Königs, erfolglos blieben, dass man andrerseits auch von päpstlicher Seite auf einen Zug nach Italien drängte, so kann man sich denken, mit welchem Interesse man allseitig die Gesandtschaft Pittis an Ruprecht verfolgte³).

Wie wir oben gesehen, war man sich im florentinischen Rate über die Notwendigkeit eines Romzugs schon längst klar; dass man zu diesem Zwecke Geld anwenden müsse, war schon am 8. Februar Gegenstand der Verhandlungen, und ferner, dass nach Deutschland Gesandte geschickt werden sollten. Aber wohl mochte man noch auf Nachrichten über den Erfolg der Gesandten in Rom warten. Darum verzögerte sich die Abreise der Gesandten nach Deutschland: denn erst vom 21. Februar ist die Vollmacht datiert⁴), kraft deren Pitti berechtigt wird, Verträge zu schliessen, den Treueid zu leisten, u. a. m. Leider ist uns die eigentliche commissio, von der in den Akten öfters die Rede ist, nicht erhalten; allein wir sehen aus diesen, wie aus Pittis Berichte, dass es sich den Florentinern vor allem darum handelte, dass der Romzug noch in diesem Jahre 1401 angetreten werde, und dass der Gesandte auf keinen Fall über die zum Zwecke bewilligte Geldsumme, nämlich 100.000 Dukaten, hinausgehen dürfe; sollten grössere Anforderungen an ihn gestellt werden, so ist deswegen sogleich an den Rat zu schreiben. Im übrigen mag Pitti noch den Auftrag gehabt haben, die Lage Italiens möglichst günstig zu schildern. So brach denn

¹) RTA. IV. nr. 262. ²) RTA. IV. nr. 260. ³) Ueber diese s. Cronica di Buonaccorso Pitti, ed. G. Manni. Fir. .1720, die hierher gehörenden Stücke abgedruckt in d. RTA. IV. nr. 302, und vgl. auch d. Gesandtschaftsbericht Pittis, RTA. V. nr. 33. ⁴) RTA. IV. nr. 258.

Pitti mit seinem Genossen am 22. Februar[1]) nach Deutschland auf, wobei sich ihm in Padua, als Bevollmächtigter des Reichsvikars, Dorde anschloss, um auch seinerseits den Romzug zu betreiben.

In Amberg, also nach dem 24. März, trafen sie beim Könige ein[2]), der sie auf jede Weise auszeichnete. Er mochte sich wohl schon mit dem Gedanken vertraut gemacht haben, seine in keiner Weise günstige Lage, namentlich jetzt nach dem erfolglosen, aber kostspieligen Feldzug gegen Böhmen, durch einen Romzug zu verbessern. Die Kosten dieses Zuges konnte er von sich aus nicht aufbringen; diese musste Florenz übernehmen, wenn er sich dem zu liebe in den Kampf mit Mailand einliess. Jedenfalls waren seine Erwartungen, denen er wohl auch den Gesandten gegenüber Ausdruck gab, auf das höchste gespannt, so dass sich Pitti wohl hütete, mit dem Angebote von 100.000 Duk. hervorzutreten. Bei den Verhandlungen über die Geldfrage bestimmten die Unterhändler des Königs, vielleicht weil sie durch florentinische Kaufleute erfahren hatten, dass Florenz eine auf 600.000 fl. Ergebnis geschätzte Steuer ausgeschrieben[3]), die Forderung anfänglich auf 500.000 fl., gingen aber dann auf 200.000 fl. zurück: so viel müsse der König haben, wenn von dem Zuge in diesem Jahre die Rede sein könne. Immerhin ging diese Summe über die der Vollmacht hinaus, so dass Pitti gezwungen war, nach Florenz zu schreiben, wohl mit dem dringenden Rate, der Forderung nachzugeben.

Wohl nur schweren Herzens mag Ruprecht seine Ansprüche auf die Summe von 200.000 fl. ermässigt haben, so dass er nicht mehr so zuversichtlich dem Romzuge entgegensah, wie früher. Wenn nun in dieser den Florentinern nicht gerade

---

[1]) Die Daten schwanken bei dem offiziellen Gesandschaftsberichte, und der Chronik Pittis; im allgemeinen haben diejenigen der Chronik mehr Wahrscheinlichkeit für sich. Der 22. Februar ist vielleicht so zu erklären, dass Pitti zu dieser Zeit gar nicht in Florenz war, und Ser Pero an diesem Tage mit der Vollmacht zu ihm eilte. [2]) Nach dem offiziellen Berichte am 18. März, wo sich Ruprecht noch in Nürnberg aufhielt. Vgl. Chmel. Regesta Ruperti regis Romanorum. Fkf. 1834. nr. 293, 294.
[3]) Morelli, l. c. p. 309.

günstigen Zeit ein allem Anscheine nach von Galeazzo gegen den König gerichtetes Attentat auf Grund einer von Pitti kurz vorher ausgesprochenen Warnung entdeckt wurde, also zur politischen Feindschaft gegen diesen nun auch die persönliche sich gesellte, so ist das doch ein zu grosser Glückszufall, als dass man nicht annehmen möchte, dass jene beiden Gesandten ihre Hände bei der Intrigue im Spiel gehabt hätten [1]). Jedenfalls war durch dieses Ereignis Ruprecht in seiner Absicht, nach Italien zu ziehen, bestärkt und kam somit den Plänen Pittis entgegen.

Von Amberg wandte sich Ruprecht nach Nürnberg, wohin er die Grossen des Reiches auf den 1. Mai berufen hatte [2]). Dass auf diesem Tage die Romzugsfrage zur Sprache kam, ist selbstverständlich; das bezeugen auch die zahlreichen Anknüpfungen mit auswärtigen Mächten, welche im Hinblick auf den Zug eröffnet wurden, so mit Savoyen, Frankreich, den Eidgenossen und Aragonien [3]): aber da diese Verbindungen von geringem Einfluss auf die Vorbereitungen des Zuges waren, ist es nicht nötig, an dieser Stelle näher auf sie einzugehen. Viel wichtiger war natürlich die Ankunft Konrads aus Rom, und mit ihm die Antonios de Montecatino [4]): aber sie brachten nicht den gewünschten Bescheid; vielmehr erregte schon die Form des Kredenzbriefes Montecatinos grossen Unwillen bei König Ruprecht, den er auch in entsprechenden Worten dem Papste und den Kardinälen merken zu lassen sich nicht scheute [5]). Noch weniger entsprach der Inhalt der päpstlichen Antwort seinen Erwartungen: „moram periculosam implicans responsum" nennt er sie [6]). Denn was nutzte ihm eine Approbations-Urkunde [7]), die in einer Form abgefasst war, dass er sie auf keinen Fall annehmen konnte,

---

[1]) Höfler, l. c. p. 212, spricht von einem Rechtfertigungsschreiben Pittis: dies wird wohl eine Verwechselung mit einem Schreiben Galeazzos sein, das denselben Zweck, wie mir scheint, mit grossem Geschick verfolgt. RTA. IV. nr. 308. nr. 303 nr. 304.   ²) RTA. IV. nr. 267, art. 3.
³) RTA. IV. nr. 297 ff. nr. 314, nr. 294 ff., nr. 293 und 292, nr. 315 ff.
⁴) RTA. IV. p. 399; ₁₄. Ulman Stromer in Chroniken der deutschen Städte I. p. 54; ₂₄.   ⁵) RTA. IV. p. 27; ₃₁, ₆₀.   ⁶) RTA. IV. p. 27; ₂, ₂₉.   ⁷) RTA. IV. nr. 6.

oder dass der Papst mit der Forderung eines schleunigen Einmarsches in Italien an ihn herantrat, ohne selbst auch nur die geringste Verpflichtung für die Zukunft zu übernehmen. Am besten zeigt sich die Unzufriedenheit des Königs über diese Haltung des Papstes in den Antworten, die er dem nach Rom zurückkehrenden Montecatino mitgab, welche an Kürze nichts zu wünschen übrig lassen[1]).
Vielleicht wäre der Zug ganz in Frage gestellt worden, wenn nicht die italienischen Gesandtschaften von Padua und Florenz alles daran gesetzt hätten, ihn doch zum Zuge zu bewegen. „Und man lag kunk Ruprecht vast an, daz er gen Welissen landen und gen Rom zien solt", berichtet Ulman Stromer von der Thätigkeit der fremden Gesandten auf dem Tage von Nürnberg[2]). Und wie sehr deren Agitation Ruprecht gefiel, zeigt uns ein Lob, das derselbe der Beredsamkeit des paduanischen Gesandten zuerteilt[3]). Zugleich scheint jetzt auch die Antwort aus Florenz eingetroffen zu sein, auf Grund deren die Verhandlungen zu einem gewissen Abschluss gelangten. Florenz gab nach, indem die vertragsmässige Unterstützung auf 200.000 fl. festgesetzt wurde, ohne jedoch wohl die Zahlungsbedingungen genau anzugeben. Wie sehr aber Pitti Ruprecht gegenüber das Opfer, das Florenz bringe, betont haben mochte, ersieht man schon daraus, dass sich Ruprecht bewogen sah, sich über die Höhe seiner Ansprüche zu entschuldigen, die er aber stellen müsse, wenn er auch wisse, wie schwer es Florenz falle, eine solche Summe aufzubringen[4]); und dass diese nur im Interesse Italiens, d. h. von Florenz verwandt werden sollte, war eigentlich klar; allein der vorsichtige Florentiner liess sich noch eine ausdrückliche Versicherung davon geben[5]). Zu einem definitiven Vertrage kam man in Nürnberg doch nicht: Pitti gibt als Grund an, dass zu wenig Fürsten auf dem Tage anwesend gewesen seien, so dass es rathsam erschien, die so schwerwiegende Entscheidung auf einem weiteren Tage

---

[1]) RTA. nr. 8, 9. (12. Mai 1401). [2]) St. Chr. I. 51; ₁. [3]) RTA. IV. p. 372; ₃₉. (15. Mai 1401). [4]) RTA. IV. nr. 305. (23. Mai 1401). [5]) RTA. IV. nr. 306. (23. Mai 1401).

zu treffen. Diese Angabe stimmt auch damit überein, dass der König nur die archiprincipes nach Nürnberg berufen[1]) hatte, so dass wir es hier mit Vorberathungen zu thun haben. Immerhin ist es gut, den Vertragsentwurf[2]) zwischen Ruprecht und Florenz schon an dieser Stelle zur Erörterung heranzuziehen, weil auf ihm alle anderen Entwürfe beruhen, und wir dann nur auf die Aenderungen dieser gegenüber dem ersten hinzuweisen haben.

Art. 1. Pro celeriori expedicione in Italiam will Florenz als Geschenk (dono) 200.000 Duk.[3]) zahlen, in exterminium comitis Virtutum. Ruprecht kann von deutschen Kaufleuten vor Antritt des Zuges als erste Rate 110.000 Duk. aufnehmen, welche es unter gewissen Bedingungen in Venedig auszuzahlen verpflichtet ist.

Art. 2. Den Rest, also 90.000 Duk., zahlt es in Venedig oder einer anderen Stadt Italiens für die Besoldung der Truppen in den der ersten Zahlung folgenden zwei Monaten, insofern der König in Italien ist cum felici exercitu suo ad invadendum territorium comitis Virtutum hostiliter et potenter, exclusis dolo et fraude.

Art. 3. Gegen entsprechende Bürgschaft leiht Florenz weitere 200.000 Duk. in Monatsraten.

Art. 4. Bestätigung der florentinischen Privilegien.

Art. 5. Ruprecht muss presenti anno (1401) nach Italien ziehen, und zwar einundeinhalben Monat nach Empfang der ersten Rate. Bei einem eventuellen Tode des Königs verliert Florenz das ausgezahlte Geld ohne Ansprüche an die Nachkommen desselben.

Art. 6. Der König verpflichtet sich pro posse Mailand zu vernichten, im übrigen aber Florenz in seiner Freiheit und Rechten zu erhalten.

---

[1]) RTA. IV. nr. 267. art. 3.   [2]) RTA. IV. nr. 307. (c. 23. Mai 1401.)   [3]) Trotzdem auf 100 Duk. 110 fl. gerechnet wurden, ist die Unterscheidung der beiden Geldsorten in keiner Weise streng durchgeführt, so dass es vielfach am besten ist, der Quelle zu folgen. Vgl. RTA IV. p. 7; p. 215 nt. 1.

Dieser Entwurf erscheint als ein solches Meisterstück der florentinischen Diplomatie, dass es doch interessant ist, denselben mit einem Kommentar zu versehen. Man kann nicht läugnen, dass der Entwurf in Wahrheit ein Mietsvertrag ist, wenn man auch dieses Verhältnis durch den Zusatz „dono" zu verdecken suchte. Beiderseits verpflichtet man sich zu Leistungen; kommt eine der Parteien diesen nicht vertragsmässig nach, so ist auch natürlich die andere zu nichts weiter verpflichtet. Florenz opfert Geld für ein **glücklich** verlaufendes Unternehmen (vgl. Art. 2). Denn leistet der König nicht das, was man von ihm erwartet, so ist es berechtigt, sich vom Vertrage loszusagen; anders kann man die Zusätze, wie „cum felici exercitu", und „hostiliter et potenter" etc., nicht auffassen. Und es scheint, als ob man von deutscher Seite auch eine Ahnung von der Wichtigkeit jener Klauseln gehabt, und dass man doch die Bedeutung der 5 ersten Artikel abzuschwächen suchte, indem man einen 6. Artikel anfügen liess, der im wesentlichen gar nichts neues besagte, aber doch den kleinen, in der Sache aber sehr wichtigen Zusatz „pro posse" enthielt. Immerhin ist es Thatsache, dass nur grenzenloser Optimismus und Unkenntnis der Zustände in Italien einem solchen Vertragsentwurfe ihre Zustimmung geben konnten.

Einstweilen fehlte noch dem Entwurfe die Unterschrift. Ruprecht beeilte sich, denselben an Franz von Padua, der stets neue Beweise seiner Treue gab[1]), zur Begutachtung zu übersenden[2]), die bei der unzweifelhaften Mitwirkung paduanischer Gesandten kaum anders als zustimmend ausfallen konnte. Es lag auch gar nicht in seinem Interesse, den König auf die gefährlichen Klauseln des Entwurfs aufmerksam zu machen; sondern auch für ihn war es eine Existenzfrage, möglichst rasch den König gegen Mailand ins Feld zu bringen.

Zu gleicher Zeit wanderte der Entwurf nach Florenz zur Bestätigung, wobei Ruprecht sich doch noch bewogen sieht, zur Annahme desselben zu mahnen, da sonst von einem Zuge „pro presenti" keine Rede sein könne[3]). Es ist dies wohl nur

---

[1]) RTA. IV. nr. 311, (15. Mai 1401). [2]) RTA. IV. nr. 312. (26. Mai 1401.) [3]) RTA. IV. p. 367; 16, 17.

eine Nachwirkung von dem Sträuben Pittis, bis er in Bezug auf die Geldforderung aus diplomatischen Rücksichten nachgab, während er andrerseits allem Anscheine nach es auch nicht unterliess, auf die voraussichtliche Annahme der Bedingungen von Florenz, so schwer sie auch seien, hinzuweisen. Denn wir können aus verschiedenen Regierungsakten deutlich erkennen, dass Ruprecht jetzt schon völlig von dem Zustandekommen des Zuges überzeugt war. So erhielt Franz von Padua von ihm eine Vollmacht, in Sachen des „de proximo" stattfindenden Zuges zu verhandeln, besonders aber Venedig zu gewinnen[1]).

Unter ausdrücklicher Betonung, dass es sich um die Beschlussfassung über den Zug nach Italien handle, wurden dann Fürsten und Städte zu einem Reichstag nach Mainz auf den 29. Juni berufen[2]). Bis dahin, mochte man hoffen, würde wohl die Bestätigung des Nürnberger Entwurfs von Florenz eingetroffen sein. In der Zwischenzeit war man natürlich auch nicht müssig: so wurden die Städte aufgefordert, ihre Boten zum 12. Juni nach Mainz zu senden[3]), um mit den Räten des Königs „zu reden umbe hulffe und dieuste uns zu deme selbe tzoge zu dun[4])". Und an die Grafen und Herren in Deutschland, vermutlich ebenfalls wegen des Heeresdienstes, wurde Bischof Konrad von Verden bevollmächtigt[5]).

Wie sehr der Plan eines Romzuges in Deutschland Aufsehen erregte, vermag man schon aus der so überaus zahlreichen Beteiligung an dem Reichstag zu Mainz ersehen[6]), auf dem natürlich die Berathung über den Zug im Mittelpunkt des Interesses stand. Hier gelangte man endlich[7]) zu einer, wie es schien, endgiltigen Vereinbarung mit Florenz, deren Inhalt uns Pitti überliefert[8]): wenn Ruprecht sich mit Heeresmacht den ganzen kommenden September in der Lombardei aufhält, werden seinem Kommissär in Venedig 50.000 Duk., und dann in 3 Raten di tempo a tempo weitere 150.000 Duk. ausbezahlt[9]).

---

[1]) RTA. IV. nr. 313. [2]) RTA. IV. p. 401. [3]) RTA. IV. nr. 344. [4]) RTA. IV. nr. 345. [5]) RTA. IV. nr. 287. [6]) RTA. IV. p. 401, 402. [7]) Dopo molti consigli e pratiche tenute. RTA. IV. p. 362; 18. [8]) —. p. 362. art. 9. [9]) Dieser Abschnitt bei Pitti erregt einigen Verdacht,

Ein Vergleich mit dem Entwurf, der in Nürnberg aufgesetzt war, zeigt eine entschiedene Modifizierung im florentinischen Interesse: die Florentiner mochten wohl nicht zum voraus als erste Rate 110.000 Duk. riskieren, sondern wollten erst den Erfolg abwarten. Leider sind die näheren Bestimmungen nicht erhalten: aber so viel erscheint sicher, dass man in Mainz einen definitiven Vertrag geschlossen zu haben glaubte, wie nun auch Ruprecht nicht mehr zögerte, die Privilegien von Florenz in vollem Umfange zu bestätigen und die Stadtobrigkeit zum Generalvikar zu ernennen[1]). Auf Grund dieses Vertrages mit Florenz stand dem königlichen Aufgebot nichts mehr im Weg: „mit unseren kurfürsten und etlichen anderen unsern und dez richs fursten, graven und herren rate" werden die Reichsstädte, und so jedenfalls auch die Fürsten und Herren des Reiches, aufgefordert, mit der üblichen Glevenzahl sich „of unser frauwentag" (8. September) zu Augsburg am Lech einzustellen, um wegen der Krönung „uber berge gein Lamparthen" zu ziehen.

Alles schien aufs beste von statten zu gehen: noch eine grosse Zahl anderer Reichsangelegenheiten, welche zum teil auch gewisse Beziehungen zum Romzuge hatten, wurden rasch erledigt[2]). Grösseres Interesse nimmt die Anwesenheit zweier päpstlicher Gesandten in Mainz[3]) in Anspruch; wir wissen zwar nicht, mit welchem Auftrag sie gekommen, wir können aber vermuthen, dass sie die ungünstige Wirkung der Gesandtschaft Montecatinos abschwächen sollten, was ihnen auch insoweit gelungen zu sein scheint, als bald darauf auch Ruprecht durch einen besonderen Gesandten, den Protonotar Albrecht, die Verhandlungen mit der Kurie wieder aufnahm[4]). Auch

---

wenn man bedenkt, dass sowohl in Nürnberg, als auch späterhin in Augsburg, und auch bei den Berathungen des florentinischen Rates am 28. Juli jeweils von einer Zweiteilung, mit 110.000 fl. als erster Rate die Rede ist. (s. Beil.).

[1]) RTA. IV. nr. 358. [2]) RTA. IV. Tag zu Mainz, Juni - Juli 1401.
[3]) RTA. IV. p. 476; 10, 11. Diese beiden Boten sind vielleicht mit den RTA. IV. p. 2 und 3 genannten päpstlichen Gesandten zu identifizieren.
[4]) RTA. IV. nr. 10—14.

mögen sie nicht ohne Einfluss auf die Beschlussfassung des Romzuges, mit dem ein besonderer Wunsch des Papstes erfüllt zu werden schien, gewesen sein.

Da traf den König eine schwere Enttäuschung[1]): man hatte die Ausschreiben ins Reich versandt in der festen Hoffnung, dass alle Verabredungen, die man getroffen, ausgeführt werden könnten. Nun aber erklärten die deutschen Kaufleute, welche versprochen hatten, Ruprecht die ihm von Florenz in Aussicht gestellten 50.000 Duk. nicht zahlen zu können, da ihre Geschäftsfreunde in Venedig ihnen den Kredit verweigerten, nachdem sie in Erfahrung gebracht, wozu das Geld verwandt werden sollte. Gegen diese Erklärung halfen weder Bitten noch Drohungen: das Geld war von den Kaufleuten nicht zu bekommen. Die Lage des Königs war so eine höchst peinliche: er selbst war finanziell ganz und gar machtlos; aber seine Ehre verlangte die Ausführung des Beschlusses. In seiner Not wandte er sich an Pitti, der wohl merkte, dass jetzt der ganze Plan in Gefahr stand zu scheitern, mit der Bitte, möglichst rasch nach Florenz zu eilen, um von dort wenigstens 25.000 Duk. ihm nach Augsburg entgegenzuführen. In eindringlichen Worten schilderte er Pitti gegenüber, wie in dessen Vollmacht an Florenz, seine bedrängte Lage; ohne genügende Geldunterstützung könne zu seinem und der Florentiner Schaden in diesem Jahre aus dem Zuge nichts werden. Trotz alles Sträubens Pittis, der wohl ahnte, dass die Reise nutzlos sein würde, musste sich dieser, um Ruprecht zu Gefallen zu sein, auf den Weg machen, doch kaum ohne den König unter Vorspiegelungen auf die Hilfe der Florentiner zu weiteren Rüstungen zum Zuge zu bestimmen.

Denn wie wäre es sonst möglich gewesen, dass Ruprecht bei einer solchen Sachlage noch die Hoffnung hegen konnte, durch die Absendung Pittis von Florenz sogar 110.000 Duk. in baarem Gelde zu erhalten, ja sogar zwei Gesandte bevollmächtigte, eine solche Summe zu erheben[2]), und wegen des Geleits von „100.000 gulden oder ein wen'g me" mit den Herzögen von Oesterreich, oder

---

[1]) Für das Folgende wieder Pitti, l. c.   [2]) RTA. IV. nr. 361. (20. Juli 1401) für Konrad von Freiberg und Johann von Mittelburg.

wenn diese sich weigerten, mit Venedig oder Padua zu verhandeln[1])? Bei einem anderen Charakter, wie dem Ruprechts, könnte man auf den Gedanken kommen, dass dies alles nur fingiert sei, um im Reiche dem Zweifel an einem Zustandekommen des Zuges den Boden zu entziehen, wenn sich das Gerücht von dem bevorstehenden Eintreffen solcher Geldsummen verbreitete; bei Ruprecht aber ist das eben ein neuer Beweis seines unverkennbaren Optimismus, mit dem er sich gerne über unangenehme Situationen hinwegtäuschte. Wir werden noch öfters Gelegenheit haben, diesen für ihn so unheilvollen Charakterzug zu bemerken und zu verurteilen. Wie hinterlistig Florenz dem Könige gegenüber verfuhr, zeigen uns am besten die Verhandlungen der signori: zwar erkannte man die Notwendigkeit der Ankunft Ruprechts an; darum soll man ihn durch Versprechungen zum Zuge bewegen, aber diesen, nur wenn es sich nicht anders machen liesse, nachkommen. Man dachte wohl gegen ihn gerade so zu verfahren, wie gegen den Grafen von Armagnac. Ruprecht aber zweifelte keinen Moment an der Vertragstreue der Florentiner.

Als einen wichtigen Erfolg konnte es Ruprecht betrachten, dass jetzt auch die Herzöge von Oesterreich für ihn gewonnen wurden. Besonders angenehm war dabei, dass er nur verpflichtet war, „zu Lamparten etwaz stette oder geslosse" ihnen als Lohn aus der Beute zuzuteilen[2]). Dass unter diesen Städten Verona, Vicenza und andere, die auch Franz von Padua aus der Beute für sich erhoffte, gemeint waren, ist klar; man wollte die Städte nur nicht nennen, um nicht den anderen Anwärter zu verletzen. Ruprecht musste eben den Forderungen der Herzöge nachgeben, da alle Verhandlungen mit den Eidgenossen der Schweiz und mit dem Grafen von Savoyen, um durch deren Gebiet Durchzug zu erlangen, ohne Erfolg blieben, abgesehen davon, dass es nicht wünschenswert erschien, so weit weg von Padua, ohne jeden militärischen Rückhalt zu haben, den Kampf mit Mailand zu eröffnen.

Die Brennerstrasse konnte allein für ihn in Betracht kommen: aber sollte sich der König sogleich an den Mauern

---

[1]) RTA. IV. nr. 357.   [2]) RTA. IV. p. 424; ;.

des äusserst festen Verona, das den Ausgang des Passes gegen die Poebene beherrschte, den Kopf zerschellen? Soweit aber traute Ruprecht den Vorspiegelungen der italienischen Grossen doch nicht, dass er dem Glauben verschenkt hätte, wenn Wilhelm de Castala, Podestà von Padua, ihm schrieb[1]), keine Macht der Welt könne es verhindern, dass eben jenes Verona sofort bei des Königs Erscheinen ihm zufalle. Sicher war es Franz von Padua, der mit der grössten Bereitwilligkeit ihn stets von den Vorgängen in Italien unterrichtete[2]), der einen massgebenden Einfluss bei den militärischen Beschlüssen ausübte. Auf ihn wird dann auch zurückzuführen sein, dass schon am 10. Juli ein Angriff auf das wichtige Brescia ins Auge gefasst wurde[3]). Dort, in den Bergen bei Brescia, waren zahlreiche Adelsfamilien angesessen, welche nur mit Grimm der Herrschaft Mailands sich beugten, und sehnsüchtig der Ankunft des neuen Königs harrten, um gegen den Feind loszuschlagen. Darum mochte es rathsam sein, mit dieser Partei, an deren Spitze Petrus de Lodrone stand, in Verbindung zu treten. Diesen Feldzugsplan, der immerhin manches für sich hatte, nahm Ruprecht an; er bevollmächtigte zwei Gesandte, von denen Johanniolus von Como, wohl auch ein von Galeazzo vertriebener Edelmann, die Verhältnisse in den Bergen Brescias aus eigener Anschauung kennen mochte, an Petrus de Lodrone und dessen Parteigänger in montanea Brixie[4]): hier sollen sie sich nach den Wegen durch das Gebirge erkundigen, die Strassen, welche das Heer einschlagen könnte, öffnen und herrichten lassen, und für die nötigen Lebensmittel an den Marschstrassen sorgen; am 29. September sollten die dortigen Edelleute den Kampf gegen Mailand beginnen; er selbst werde zu derselben Zeit den Boden Italiens mit seinem Heere betreten[5]).

Damit war der Zug nach Italien fest bestimmt: auf dem Reichstage zu Mainz war der Romzug beschlossen und das

---

[1]) Aus f. 40 des cod. 1718 der Laurenziana, der bisher noch nicht benutzt war und gerade für die Zeit Ruprechts manch neues Material enthält, einer Briefsammlung v. J. 1469 (s. fol. 135) Prof. Wille in Heidelberg verdanke ich die Einsicht in den Codex. [2]) RTA. IV. p. 373; $_{8, 9}$. [3]) RTA. IV. p. 472; $_{12}$. [4]) RTA. IV. p. 439; $_{40}$. [5]) RTA. IV. nr. 366. 367 art. 6.

Aufgebot erlassen; am 8. September musste sich dieses in Augsburg zusammenfinden, um dann am 29. September die Feindseligkeiten zu eröffnen. Das Geld, das zum Zuge nötig wurde, war zwar noch nicht vorhanden; aber der König hegte, vertrauend auf die Hilfe von Florenz, die feste Hoffnung, es noch rechtzeitig und in genügender Menge zu bekommen.

Inzwischen rüstete man sich auch in Italien zu dem bevorstehenden Kampfe. Hierbei kam es vor Allem auf die Stellung an, die Venedig beobachten werde. Bisher war es, wie wir gesehen, entschieden neutral geblieben; nichts gab ein Anzeichen, dass es geneigt sei, aus seiner Neutralität herauszutreten. Trotzdem wurden immer neue Versuche gemacht, es auf die eine oder die andere Seite zu ziehen. Von Ruprecht war zu solchen Verhandlungen Franz von Padua bevollmächtigt; zugleich liess er durch den nach Padua zurückkehrenden Gesandten Dorde dem Rate von Venedig von den mit Florenz zu Nürnberg getroffenen Vereinbarungen und von seinem in Aussicht stehenden Romzuge Mitteilungen machen[1]). Aber die Antwort[2]) enthielt wieder nichts, ausser den „gewohnten Versicherungen der Höflichkeit"[3]): Die Signorie hoffe, unter Beteuerung ihres Wohlwollens gegen das bairische Haus, und besonders gegen den König, dass auch der Romzug ihm zum Ruhme, dem Reiche und der Christenheit zum Heile ausfallen möge, aber mit dem bezeichnenden Zusatze „cum quiete et pace Italiae", trotzdem ihr doch der eigentliche Zweck des Zuges aus dem Vertrage mit Florenz bekannt war.

Dieser nämlichen Tendenz, Hüterin des Friedens in Italien zu sein, entsprach es auch, dass die Signorie Franz von Padua entschieden riet, alles zu vermeiden, was dem Herzog von Mailand irgendwie Anlass geben könnte, den Krieg zu beginnen; sollte jedoch Mailand dem Frieden gefährlich werden, so sei auch sie bereit, geeignete Gegenmassregeln zu ergreifen; im übrigen sei ihr von mailändischen Rüstungen, von denen Franz

---

[1]) RTA. IV. nr. 309, 310 art. 1.   [2]) RTA. IV. nr. 310 art. 2 ff. (17. Juni 1401).   [3]) Le Bret, die Staatsgeschichte der Republik Venedig. I. Teil, II. Abt. p. 279.   [4]) RTA. IV. nr. 262.

ihr berichtet habe, noch nichts bekannt. Und dieselbe Antwort erhielt der Herzog von Mailand auf seine Beschwerden über Padua und Florenz[1]). Solcher Redensarten bedurfte eben die Politik der Neutralität: man musste sich den Anschein geben, als stehe man zwischen den Parteien, eifrigst bemüht, alle Beschwerden beizulegen, ohne sich auch nur im geringsten zu verpflichten. Wieder als man in Mainz definitiv den noch in diesem Jahre 1401 stattfindenden Zug beschlossen hatte, schickte Ruprecht eine neue Gesandtschaft nach Venedig ab, um unter dem Eindruck jenes Beschlusses nochmals zu versuchen, es zum Bündnis mit ihm zu bewegen[2]). Es war aber schwerlich von dem Könige klug, dass er in der Instruktion für seine Gesandten noch ausdrücklich hervorhob, dass er nur „mit grossen kosten, arbeit und kummernisse" das Reich fast ganz gebracht, und nun wiewol er vaste sich verkostiget und dass sin usageben habe[3]), doch den Zug nach Italien unternehme, für den er um den Beistand Venedigs bitte[4]).

Eigentlich hätte es doch in seinem Interesse gelegen, seine misliche finanzielle Lage nicht bekannt werden zu lassen; jedenfalls war es kaum ein gutes Mittel, sich neue Verbündete zu erwerben, wenn er nicht etwa diesen gegenüber gleichsam sich entschuldigen wollte, dass er in ein thatsächlich recht schimpfliches Vertragsverhältnis mit Florenz sich eingelassen. Auf der anderen Seite ruhte auch Galeazzo nicht mit Versuchen, nicht etwa Venedig auf seine Seite zu ziehen, sondern vielmehr es nur zu bestimmen, Farbe zu bekennen. Ein meisterhaft diplomatischer Schachzug war es, dass er an den Rat sowohl ein Schreiben Ruprechts, in dem dieser ihn des Giftversuches beschuldige, als auch seine eigene Verteidigung zur Begutachtung übersandte. Denn entweder erkennt der Rat diese als glaubwürdig an, dann bezichtigt er den König der Verläumdung, oder erklärt Galeazzo als Giftmörder. Zwei Tage lang dauerten die Verhandlungen in dieser Frage, bis man schliesslich auch eine ganz vortreffliche

---

[1]) RTA. IV. nr. 262.   [2]) RTA. IV. nr. 362. (20. Juli 1401).   [3]) RTA. IV. p. 437; 15—18.   [4]) RTA. IV. nr. 363.

Antwort fand: man bedauert die ganze Angelegenheit, und hofft, es möge seine Unschuld an den Tag kommen¹).

An dieser Stelle mag noch der Verhandlungen Ruprechts mit König Martin von Aragonien gedacht werden, die jetzt in so fern eine festere Gestalt annahmen, als Ruprecht eine aragonesische Hilfsflotte unter dem Kommando des Admirals Jacobus de Pratis verlangte. Diese soll sich, etwa 10 Galeeren stark, im „pisischen Meere" zeigen, um etwaige Unternehmungen der florentinischen Landmacht gegen Pisa zu unterstützen²). Kam dieser Vorschlag zur Ausführung, so musste Galeazzo seine Truppenmacht zersplittern; andrerseits konnte auch Florenz hoffen, bei dieser Gelegenheit sich wieder den Zugang zum Meere zu öffnen, der ihm jetzt durch Uebergang Pisas in mailändische Hände versperrt war. Indess blieb es bei dem Plane, da sich die Erfolglosigkeit des deutschen Angriffes auf Mailand zu bald herausstellte, Galeazzo aber ganz gut einen Teil seines Heeres vom lombardischen Kriegsschauplatze nach Toscana entsenden konnte, so dass auch den Florentinern die Möglichkeit zu grösseren Operationen genommen war.

Doch wenden wir uns den Rüstungen Ruprechts in Deutschland selbst zu; sie waren, wie wir gesehen haben, trotz der ablehnenden Haltung der deutschen Kaufleute, nicht unterbrochen worden. Indess kann es nicht meine Aufgabe sein, näher auf die Verhandlungen mit den einzelnen Reichsständen wegen der Beteiligung an dem Zuge einzugehen: man findet die diesbezüglichen Zusammenstellungen vollständig in den Reichstagsakten³). Die Summe dieser ist in zwei Kostenüberschlägen⁴) zu dem ersten Monat gezogen, von denen für uns der zweite der massgebende ist. Im Ganzen sind ungefähr 3200 Gleven zu je 3, bei der Leibwache des Königs und der Königin zu je 4 Pferden berechnet, mit einem Solde von ungefähr 79.000 fl.⁵),

---

¹) RTA. IV. nr. 364. 365. (Juli 26. und 28. 1401). ²) RTA. IV. nr. 369. art. 6—9. ³) RTA. IV. Reichstag zu Mainz. Juni-Juli 1401. lit. I. ff. ⁴) RTA. IV. nr. 390. 391. ⁵) Burggraf Friedrich VI. von Nürnberg erklärt, mehr als 25 fl. für die Gleve verlangen zu müssen, worauf jedoch Ruprecht nicht eingehen konnte, weil sonst auch die anderen einen höheren Sold beansprucht hätten. RTA. IV. nr. 377. art. 2.

welche für den ersten Monat vorausbezahlt werden sollten. Immerhin ist diese Summe für einen, der sich „vaste verkostiget" und all das Seine ausgegeben hat, eine recht beträchtliche zu nennen. Jedoch hatte er noch die Hoffnung, dass Pitti das florentinische Geld nach Augsburg bringen würde. Aber ist es nicht unbegreiflich, dass Ruprecht nicht auch die Möglichkeit ins Auge gefasst zu haben scheint, dass das Geld doch ausbleiben könne? Welchen Eindruck musste es machen, wenn der König dann dem Heere, das er zu einem mindestens 3—4 Monate dauernden Zuge aufgeboten, gleich den ersten Monatssold nicht zahlen konnte? Das alles aber scheint er sich nicht überlegt zu haben; und man kann wohl mit Recht sagen, dass eben diese finanzielle Abhängigkeit von dem guten Willen des Bundesgenossen den Miserfolg des ganzen Zuges zur Folge haben musste.

Bevor Ruprecht den Zug über die Alpen antrat, mochte es wohl gut scheinen, mit Wenzel in Unterhandlungen zu treten, um wenn irgend möglich friedlich sich mit ihm auseinanderzusetzen. Dabei hat Wenzel einen höchst merkwürdigen Vorschlag gemacht: Ruprecht solle König bleiben, Wenzel jedoch die Kaiserwürde sich erwerben. Darauf konnte Ruprecht auf keinen Fall eingehen: denn um Kaiser zu werden, müsse man deutscher König sein; das sei jener aber nicht, da er rechtmässig abgesetzt sei; Ruprecht selbst müsste dann vorher die Krone niederlegen; aber ob dann die Kurfürsten bei der Neuwahl Wenzel wählten, erscheine ihm zum mindesten zweifelhaft[1]). Da aber auch Ruprechts Forderungen an Wenzel nicht gerade bescheiden waren, so war es nicht zu verwundern, dass sich die Unterhandlungen über ein friedliches Uebereinkommen zerschlugen. Um aber Wenzel die Möglichkeit eines Eingreifens in Deutschland während des Romzuges zu nehmen, musste man ihn im eigenen Lande festhalten. Zu diesem Zwecke sehen wir Ruprecht in enge Beziehungen zu der böhmischen Adelsopposition, mit Jost von Mähren an der Spitze, treten[2]). So konnte sich in Deutsch-

---

[1]) RTA. IV. nr. 392. art. 1.   [2]) RTA. IV. nr. 393 396.

land das Gerücht verbreiten, die Heeressammlung in Augsburg habe nicht den Romzug, sondern einen neuen Krieg mit Wenzel im Auge[1]). Und so sehr rechnete man mit dieser Möglichkeit, dass Strassburg sich beeilte, seinen Gesandten den Auftrag zu geben, sich in Mainz nach der Stellung der übrigen Städte zu dieser Frage zu erkundigen.

Thatsächlich konnte darüber kein Zweifel herrschen, dass Ruprechts Ueberzeugung dahin ging, dass nur auf dem Boden Italiens die Entscheidung zwischen ihm und Wenzel fallen könne; die Kaiserkrönung in Rom musste sie zu seinen Gunsten wenden.

---

[1]) RTA. IV. p. 480; ₄.